Hier geht's lang zu den digitalen Extras:

http://go.marcopolo.de/kai

Touren-App

Ganz einfach orientieren und jederzeit wissen, wo genau Sie gerade sind: Die praktische App zu den Erlebnistouren sorgt dank Offline-Karte und Navigation dafür, dass Sie immer auf dem richtigen Weg sind. Außerdem zeigen Nummern alle empfohlenen Aktivitäten, Genuss-, Kultur- und Shoppingtipps entlang der Tour an.

HTTP://GO.MARCOPOLO.DE/KAI

Update-Service

Immer auf dem neuesten Stand in Ihrer Destination sein: Der Online-Update-Service bietet Ihnen nicht nur aktuelle Tipps und Termine, sondern auch Änderungen von Öffnungszeiten, Preisen oder anderen Angaben zu den Reiseführerinhalten. Einfach als PDF ausdrucken oder für Smartphone, Tablet oder E-Reader herunterladen.

SYMBOLE

   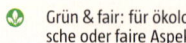

INSIDER TIPP	Insider-Tipp
★	Highlight
🟢🔵🟠🟣	Best of …
☼	Schöne Aussicht
🟢	Grün & fair: für ökologische oder faire Aspekte
(*)	kostenpflichtige Telefonnummer

**PREISKATEGORIEN
HOTELS**

€€€ über 180 Euro

€€ 130–180 Euro

€ unter 130 Euro

Die Preise beziehen sich auf
ein Doppelzimmer mit
Frühstück in der Hauptsaison

**PREISKATEGORIEN
RESTAURANTS**

€€€ über 25 Euro

€€ 15–25 Euro

€ unter 15 Euro

Die Preise beziehen sich
auf ein durchschnittliches
Hauptgericht

MARCO POLO

KAN ALIN SELN

JERSEY GUERNSEY HERM SARK ALDERNEY

Glasgow

Nordsee

Dublin
IRLAND

GROSS-BRITANNIEN

Amsterdam

Harwich

NIEDER-LANDE

ATLANTISCHER OZEAN

London

Brüssel
BELGIEN

Ärmelkanal

Kanalinseln

Paris

St-Malo
FRANKREICH

MARCO POLO AUTOR
Martin Müller

„Die Insulaner im Ärmelkanal haben grüne Daumen und verwöhnte Gaumen", schwärmt der Autor von den Channel Islands. Seit zwei Jahrzehnten bereist und ergründet der Reisejournalist die fünf Eilande für Zeitungen und Magazine. Mittlerweile glaubt er, jeden Garten, jeden verschlungenen Pfad zu kennen, nur um ständig aufs Neue überrascht zu werden.

REIN INS ERLEBEN

Mit dem digitalen Service von MARCO POLO sind Sie noch unbeschwerter unterwegs: Auf den Erlebnistouren zielsicher von A nach B navigieren oder aktuelle Infos abrufen – das und mehr ist nur noch einen Fingertipp entfernt.

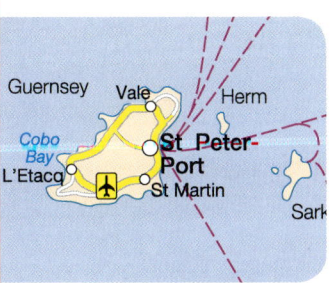

GUT ZU WISSEN

KARTEN IM BAND

(130 A1) Seitenzahlen und Koordinaten verweisen auf den Reiseatlas
(U A1) Koordinaten für die Karten von St. Helier und St. Peter Port im hinteren Umschlag

Es sind auch die Objekte mit Koordinaten versehen, die nicht im Reiseatlas stehen

(⌕ A–B 2–3) verweist auf die herausnehmbare Faltkarte
(⌕ a–b 2–3) verweist auf die Zusatzkarte auf der Faltkartenrückseite

UMSCHLAG VORN:
Die wichtigsten Highlights

UMSCHLAG HINTEN:
Karten von St. Helier und St. Peter Port

Die besten MARCO POLO Insider-Tipps

Von allen Insider-Tipps finden Sie hier die 15 besten

INSIDER TIPP Höhlenmagie bei Ebbe

Die Küstenhöhlen an Jerseys Nordküste sind nur für Kajakfahrer zugänglich – bis auf die *Felsengrotte am Plémont Beach.* Bei Regen markiert sogar ein Wasserfall den Eingang → S. 42

INSIDER TIPP Der etwas andere Imbiss

Einmal Austern probieren: Am rustikalen Weltkriegsbunker mit Meerblick bietet Sean *Faulkner* an der Westküste von Jersey die edle Muschel als Snack ohne Schickimicki-Ambiente an → S. 36

INSIDER TIPP Herzhafter Tropfen

Versäumen Sie im *Hamptonne Country Life Museum* (Foto o.) nicht, sich ein Fläschchen vom hauseigenen Cidre abfüllen zu lassen: herb und herzlich → S. 47

INSIDER TIPP Farmer's Market

Wer auf Guernsey etwas Leckeres produziert, trifft sich samstags beim Inselseigneur zum *Markt im Garten von Sausmarez Manor* → S. 62

INSIDER TIPP VW-Bulli-Nostalgie

Stilvolles Retrocamping: Die einzigen Mietautos, die sich wirklich für eine romantische Erkundung von Jersey eignen, sind die fünf von einem Oldtimerrestaurateur tipptopp eingerichteten *VW-Busse* – Modelle von 1967 bis 2009 → S. 123

INSIDER TIPP Blonde Igel?!

Das etwas andere Nightlife auf Alderney ist *Hedgehogspotting:* Begeben Sie sich bei letztem Tageslicht auf die Pirsch nach einem der wohl an die 1000 Igel mit den hellen Stacheln – mit Taschenlampe auf der Spur des seltenen Blondinchens → S. 86

INSIDER TIPP Zeltnacht im Zoo

Glamping – glamouröses Camping – bedeutet auf Jersey, dass Sie am Rand des ungewöhnlichen Zoos in den geräumigen Zelten des *Durrell Wildlife Camps* übernachten und nachts den Tiergeräuschen lauschen können, als weilten Sie in Afrika oder auf Madagaskar → S. 43

INSIDER TIPP Maiblüte

Ein wie verwunschen wirkendes Meer aus blaulila Waldhyazinthen umspielt Ihre Waden, wenn Sie im Frühjahr durch den *Küstenwald südlich von St. Peter Port* auf Guernsey spazieren → S. 74

INSIDER TIPP Asia-Picknick am Strand

Als hätte die Flut an der Slipanlage bei St. Helier ein Stück Thailand angeschwemmt, speisen Sie im *Thai Dicq Shack* thailändische Imbisse, serviert von einer mobilen Garküche am Strand von Jersey → S. 54

INSIDER TIPP Fast Food als Slow Food

Bei *Braye Chippy* auf Alderney mutieren *fish 'n' chips* vom Fast Food fast zum Slow Food, weil der Fisch vor der Imbisstür gefangen wurde → S. 85

INSIDER TIPP Jede Menge Kohle

70 000 Silbermünzen aus Cäsars Zeiten: Zwei Jerseyaner mit Insiderwissen hoben den *Römerschatz von La Hougue Bie* → S. 57

INSIDER TIPP Batmans Schlafzimmer

Was macht eine Fledermaus, wenn sie schlecht träumt? In Jerseys *Zoo* kann man sich trotz des etwas strengen Geruchs nur schwer vom Tête-à-tête mit den Flugkünstlern trennen → S. 114

INSIDER TIPP Veganer Chic

Der ethisch korrekte Akzent bei *Little Ginger en Provence* in St. Peter Port liegt auf Fair Trade bis hin zu veganer Fashion und ebensolchen Accessoires → S. 78

INSIDER TIPP Baden wie die Venus

In den erfrischenden Genuss der Felswanne *Venus Pool* kommt nur, wer Sark bis zum südlichsten Zipfel der Halbinsel Little Sark durchquert → S. 93

INSIDER TIPP Afternoon Tea in Cottagegärten

Im Sommer öffnen die Sarkees anlässlich der *Garden Walks* ihre Grünoasen – *teatime* in privaten Cottagegärten (Foto u.) → S. 96

BEST OF ...

TOLLE ORTE ZUM NULLTARIF
Neues entdecken und den Geldbeutel schonen

● **Meer oder Pool? Meerpool!**
Weil man zuvor nur streng nach Gezeitentabelle baden konnte, steckte man um 1890 in *Havre de Pas* auf Jersey einen großen runden Pool ab, in dem Sie selbst bei Niedrigwasser noch im Meerwasser baden können – umsonst und sehr beliebt! → **S. 114**

● **Orchideenschau ganz umsonst**
Die *geführten Wanderungen* der beiden Walking Weeks auf Jersey im Frühjahr und im Herbst sind kostenlos. Orchideenliebhaber treffen sich z. B. an der Westküstenweide Le Noir Pré, um zu Hunderten von Orchideen geführt zu werden → **S. 41**

● **Kapellenkleinod im Muschellook**
Die muschelgeschmückte Minikapelle *Little Chapel* auf Guernsey ist eine kuriose Sehenswürdigkeit. Als liebevoll gehegter Wallfahrtsort ist ihr Besuch umsonst und lädt als krönende Station eines kleinen Kreuzwegs in idyllischer Inselnatur zur Meditation ein (Foto) → **S. 61**

● **St. Peter Port von oben**
Für eine halbe Stunde bekommen Sie in Guernseys Kunstmuseum den Schlüssel für den triumphalen Turm, der die prächtigste Aussicht auf den prächtigsten Ort der Kanalinseln erlaubt. Das Museum kostet Eintritt, der *Victoria Tower* aber nicht → **S. 76**

● **Einen Fisch erwischen**
Sie sind Selbstversorger? Dann machen Sie es wie die Insulaner: Angeln Sie sich vom langen St. Catherine's Breakwater auf Jersey einen Barsch fürs Dinner! → **S. 44**

● **Birds statt Bomben**
Die Nazis ließen Alderney von KZ-Häftlingen mit Beobachtungsbunkern zubetonieren. Durch die Sehschlitze im *Wildlife Trust Bunker* lugen heute keine Soldaten, sondern *twitcher:* Vogelfreunde nutzen das Bollwerk auf Alderney zur Beobachtung der Flugmanöver von Papageitauchern und Tölpeln → **S. 85**

● ● ● ● Diese Punkte zeichnen in den folgenden Kapiteln die Bestof-Hinweise aus

TYPISCH KANALINSELN
Das erleben Sie nur hier

● *Fünf Gärten Eden*
Dank dem wohltemperierten Golfstrom und den grünen Daumen der Insulaner florieren im Kanal sogar subtropische Gewächse. Eines dieser Paradiese ist *Judith Quérées* Staudengarten auf Jersey → S. 36

● *Wattwandern*
Im Süden ist Jersey derart flach, dass das Meer sich bei Ebbe kilometerweit zurückzieht – um anschließend flott zurückzufluten. In der Zwischenzeit können Sie durch die endlos scheinende Weite Richtung Frankreich bis zum spukigen *Seymour Tower* laufen – und dort sogar übernachten → S. 55

● *Sechs Wochen schlemmen*
Im Kanal speist man wie Gott in Frankreich. Anderthalb Monate lang ist Feiertag für Gourmets, wenn im Herbst auf Jersey und Guernsey knapp 200 Restaurants, Pubs und Cafés beim *Tennerfest* mehrgängige Menüs zwischen 10 und 20 Pfund anbieten → S. 29

● *Gemüse to go*
Hedge Veg ist keine neue Gemüsesorte. So heißen Tomaten, Kartoffeln, Äpfel, Birnen, Kirschen, Schnittblumen, die aus jeder dritten Inselhecke lugen. Neben der Gemüsekiste steht die *honesty box* (Foto), in die man das Geld steckt. Zum Beispiel im *Classic Herd Farm Shop* auf Jersey → S. 36

● *Sahnehäubchen am Nachmittag*
Mag man küchentechnisch auf den Inseln sonst eher nach Frankreich schielen: Zu einem ordentlichen Nachmittag gehört ein ausgedehnter *cream tea* mit *scones* und der fetten Sahne der Inselkühe – da sind die Insulaner ganz Briten. Besonders preiswert genießen Sie den im Kiosk *The Hungry Man* in Jerseys Rozel Bay → S. 27, 41

● *Deutsche Militärarchitektur*
Schon die Römer hatten die Inseln einst verbarrikadiert. Zuletzt fügte Hitler sie als Baustein in den Nordatlantikwall. Der Nazibeton hat überlebt. *Pleinmont Tower* auf Guernsey ist mit seiner Anmutung zwischen Bauhaus und Art déco ein echter Hingucker unter den Bollwerken → S. 66

TYPISCH

BEST OF ...

SCHÖN, AUCH WENN ES REGNET

Aktivitäten, die Laune machen

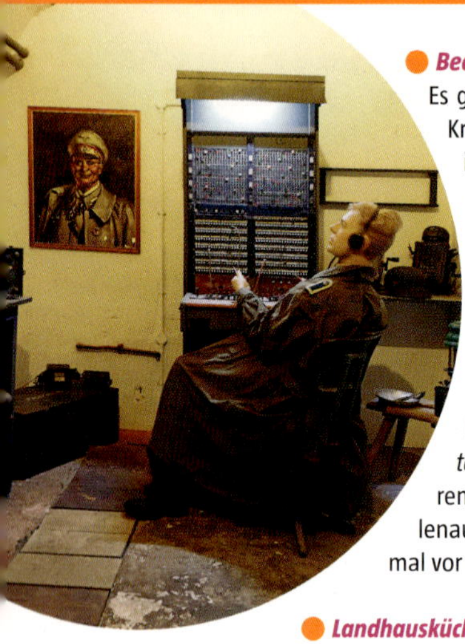

Beeindruckendes Kriegsmuseum

Es gibt kaum ein besseres und gelungeneres Kriegsmuseum als die *Jersey War Tunnels* mit ihrer wirklich dichten Atmosphäre in den alten Nazitunneln. Spannende Museumsdidaktik – auch wenn es paradox klingt: Dafür wünscht man sich fast ein paar Regenstunden (Foto) → S. 47

Treibholzbasteln

Wenn Sie auf Jersey in der schönen St. Brelade's Bay unter dem Vordach des *Bastelateliers Fish 'n' Beads* sitzen und aus Ihrem persönlichen Strandfund und Tinas Perlenauswahl was zurechtwerkeln, darf es ruhig mal vor sich hin regnen → S. 115

REGEN

Landhausküche par excellence

Wer will sich schon durch 40 britische Käsesorten probieren, wenn draußen die Sonne scheint? Ein Essen im Landhaushotel *Longueville Manor* mit der warmherzigen, traditionellen Atmosphäre sollte auf dem Menü einer jeden Jerseyreise stehen → S. 54

Coasteering und Paddeln

Beim Wandern in Neopren entlang der Steilküste oder beim Seekajakfahren werden Sie sowieso nass – da stört das bisschen Wasser von oben nicht die Bohne → S. 110

Das Domizil des Dichters

Als tollen Innenarchitekten sah sich wohl der französische Literaturtitan Victor Hugo, der sein leicht skurriles Exildomizil *Hauteville House* in St. Peter Port auf Guernsey persönlich gestaltete → S. 75

Großes Kino auf kleiner Insel

Das schönste an jeder Vorstellung im 90-Sitze-Kino auf Alderney ist, dass man sich während des notwendigen Spulenwechsels Zeit für ein Bier im Pub gegenüber nimmt → S. 83

ENTSPANNT ZURÜCKLEHNEN
Durchatmen, genießen und verwöhnen lassen

● Ayurveda im Kanal
Alle Techniken und Tricks der ayurvedischen Massage, dazu Meditation, Bäder und Behandlungen auch für den Gentleman: Jerseys *Ayush Spa* ist das erste seiner Art in Britannien → S. 55

● Lounge mit Panorama
Im fünften Stock des *Corbière Radio Tower* ist die Aussicht über St. Ouen's Bay und den Corbière-Leuchtturm unschlagbar. Die rundum verglaste Lounge ist Jerseys höchstgelegenes Wohnzimmer → S. 52

● Lavendelaroma
Kann es etwas Beruhigenderes geben, als im Café von *Jersey Lavender* bei einem Glas Champagner mit einem Hauch von Lavendel zu sitzen und auf den wunderschönen Garten zu blicken? → S. 47

● Eine Bucht wie gemalt
Wo schon Auguste Renoir wochenlang verweilte und den Blick auf Guernseys *Moulin Huet Bay* malte, können bestimmt auch Sie sich prächtig entspannen und das Panorama genießen → S. 63

● Kutschfahrt auf Sark
Kein Auto stört während anderthalb Stunden gemütlicher *Kutschfahrt* über die beiden Inselteile. Den Zugpferden wird auch auf der hohen Landbrücke La Coupée nicht schwindlig → S. 96

● Fenster zur Küste
Spazieren Sie durch den prächtigen Garten des Inselseigneurs von Sark und ziehen sich dann zum *Window in the Rock* zurück, um den Blick durch das Felsenfenster aufs Küstenpanorama zu genießen → S. 94

● Luxuscamping mit Hafenblick
Von den geräumigen Jurten der *Jersey Yurt Holidays* mit Grillstation davor haben Sie den charmanten Hafen von St. Aubin direkt zu Ihren Füßen. Hier können Sie locker halbe Tage abhängen und das Kommen und Gehen der Gezeiten gelassen beobachten (Foto) → S. 51

ENTSPANNT

AUFTAKT

ENTDECKEN SIE DIE KANALINSELN!

Das Meer ist plötzlich weg. Als hätte jemand im Ärmelkanal zwischen England und Frankreich einen Stöpsel gezogen. Die Inselschönheit Jersey wurde vom *Gezeitenspiel* trockengelegt und hat mehr als ein Drittel um die Hüften herum zugelegt. Fischerboote und Yachten liegen schräg auf sandigem Grund. Die Extraportion Land nennt ein Meeresbiologe, der Wattausflüge führt, poetisch Jerseys bessere Hälfte. „Zweimal täglich macht uns die Natur ein Geschenk auf Zeit, was wir dem flachen Inselsaum und einem Tidenhub von zwölf Metern verdanken." Die zweitgrößte Kanalinsel Guernsey kommt in denselben Genuss.

Fünf Inseln – fünf Temperamente: von charmant bis trutzig. Jersey, Guernsey, Alderney, Sark und Herm locken im *milden Golfstromklima* wie anziehende Oasen, nicht nur für scheue Geldanlagen. Strände kommen und gehen im Rhythmus der Gezeiten, auf Klippen und in Gärten sprießt es mediterran bis subtropisch. Man spricht Englisch und schmaust wie in Frankreich. Und zwischen den Mahlzeiten bieten *Küstenpfade* aussichtsreiche Laufstege für Wanderer, während im Herzen der Inselminiaturen Radler Vorfahrt im engen Kurvenlabyrinth der *green lanes* und *ruettes tranquilles* genießen.

Bild: St. Aubin auf Jersey

Schwere See: Gewitterstimmung an der Mole im Hafen von St. Peter Port

„Ein Stück Frankreich, das ins Meer gefallen ist und von England aufgesammelt wurde", so beschrieb der französische Schriftsteller Victor Hugo die kleine Inselgruppe, auf der er im 19. Jh. im Exil weilte und bei gutem Wetter bis in seine Heimat Frankreich blicken konnte. Heute verbinden die Kanalinseln *Savoir-vivre und britischen Spleen*, französische Meeresfrüchte-Cuisine und viktorianische Gartenlust – vielleicht Europas schönste Mischung.

Die fünf Inseln kuscheln sich in den Golf von Saint-Malo. Früher hießen sie die Normannischen Inseln, denn sie wurden vor rund 8000 Jahren von der Halbinsel Cotentin in der Normandie abgetrennt. Geografisch liegen sie näher an Frankreich, Alderney ist gerade 13 km von der Grande Nation entfernt, bis zur südenglischen Küste sind es dagegen 90 km Meer.

um 4000 v. Chr.
Ganggräber bezeugen erste Besiedlung

50 v. Chr.
Die Römer besetzen die Inseln

ab 538 n. Chr.
Christianisierung

1066
Wilhelm der Eroberer siegt in der Schlacht bei Hastings, die Kanalinseln fallen ans anglonormannische Reich

1852
Victor Hugo findet Exil auf Jersey, ab 1855 auf Guernsey

1883
Auguste Renoir besucht die Kanalinseln, malt Skizzen und 18 Ölbilder

In Kriegszeiten war der Archipel oft strategischer Zankapfel oder Brückenkopf, heute mischen sich friedlich *kulturelle und sprachliche Eigenheiten*; französische Namen auf Straßenschildern und an Gehöften werden mit englischem Zungenschlag ausgesprochen. Die *unbändige Flora* kommt aus aller Welt, weshalb Sie sich manchmal am Mittelmeer, auf den Kanaren oder in Neuseeland wähnen – dem Golfstrom sei's gedankt. Sogar politisch sind die Inseln ein Fabelreich. Denn die Channel Islands – zusammen mit 199 km² kaum größer als Fehmarn – gehören der englischen Krone. Parlamente und Gesetze regeln das moderne Inselleben, wobei manche Gepflogenheit uralt anmutet. Und nicht zuletzt sind die States of Jersey and Guernsey als Steueroasen ein wichtiger Hafen für „scheues" Geld.

Eine wechselvolle Historie hängt den Eilanden nach – heute noch sind die Spuren der *deutschen Besatzung* während des Zweiten Weltkriegs erkennbar. 484 000 m³ Stahlbeton verbauten die Deutschen, um sich auf den Kanalinseln zu verschanzen. Guernsey, Jersey und Alderney wurden kurzerhand Gustav, Jakob und Abel genannt – das sprach sich einfacher.

> **Der milde Golfstrom lässt 1500 Pflanzenarten gedeihen**

Tunnelsysteme, Bunkeranlagen, *Forts und Wachtürme* aus Beton erinnern an diese Zeit. Viele sind heute in Museen oder Gedenkstätten verwandelt. Ihnen steht eine zauberhafte Inselkulisse entgegen: türkisfarbenes Meer, *steile Klippen*, der zweithöchste Tidenhub der Welt, *von Ginster bewachsene Pfade*, feinsandige Strände und

1935 Alderney öffnet sich dem Luftverkehr, Jersey folgt 1937, Guernsey zwei Jahre später

1940 Deutsche Truppen besetzen die Inseln

1945 Die Inseln werden von der deutschen Besetzung befreit

1973 Die Inseln gehören nach dem EG-Beitritt Großbritanniens zum Zollgebiet der EU

2008 Auf Sark finden erstmals demokratische Wahlen statt

2015 Jersey ist Ausrichter der XV. International Island Games

Blütenteppiche. Osterglocken strahlen am Straßenrand, *Hortensien* leuchten in den Gärten, Mimosen, Kamelien und Rosen ranken sich stilvoll über alte Gemäuer. Die Architektur begeistert Liebhaber der britischen Lebensart: Hinter Buchsbaumhecken verbergen sich *imposante Herrenhäuser* im viktorianischen oder im Tudorstil. Backsteinfarbene Farmhäuser durchziehen das Landesinnere, die Gärten sind verträumt und die Straßen so schmal, dass Autofahren durch diese Miniaturen nervenaufreibend sein kann.

Fünf Inseln: verschieden, eigen, jede ein individuelles Paradies. Rund 90 000 Ew. zählt Jersey, die mit 118 km² größte Insel. Weiße Folien überspannen ganze Felder, Äcker und Gärten sind säuberlich wie mit dem Lineal voneinander getrennt. Dazwischen blaue Tupfen: Swimmingpools in den parkartigen Gärten alter

Ginsterbüsche und Klippenpfade, Sandstrände und Blütenteppiche

Villen. *Skurriles ist Alltag* in diesem elitären Inselreich – so die Geschichte des Sammlers, der in seinem Castle einen durchsichtigen Boden verlegen ließ, um seine Oldtimer stets im Blick zu behalten …

In den Gassen der Hauptstädtchen befinden sich zahlreiche Bankinstitute. Die Kanalinseln sind in einem Atemzug mit Monaco oder Liechtenstein zu nennen: Es sind Steuerparadiese. Finanzdienstleistungen haben auf dem Archipel Tourismus und Landwirtschaft als wichtigste Einnahmequelle abgelöst und erbringen gut die Hälfte der Einnahmen.

Immer wieder stößt man auch auf die Spuren alter Kulturen: 1968 wurde eine Höhle in St. Brelade's Bay auf Jersey entdeckt. Selbst Prince Charles schwang damals den Spaten, um unversehrte Mammut- und Rhinozerosknochen freizulegen. Die ersten Besiedler Jerseys hatten die Tiere über die Felsen getrieben – eine Jagdmethode lange bevor es das Schießpulver gab.

Auch alte *Menhire, Dolmen und Ganggräber* finden sich auf den Inseln. Magische Orte, die zum Teil schon um 3500 v. Chr. angelegt wurden. Auf Guernsey gibt das Ganggrab Le Déhus den Forschern Rätsel auf. War es ein ritueller Platz, an dem man die Toten bestattete? Mysteriös bleibt vieles in dieser kleinen *Märchenwelt*, der mit gut 64 km² zweitgrößten Insel im Kanal. Mit St. Peter Port darf sich Guernsey der apartesten Hauptstadt rühmen, muss aber auch das Hinterland nicht verstecken. Gärten mit Rhabarber und weißem Baldrian reichen bis ans Meer. *Bucklige Steincottages*, vor denen wächserne Kamelien blühen, könnten Kulisse für einen Miss-Marple-Film sein.

Sind Sie über die Klippenpfade von Guernsey gewandert, haben sich treiben lassen durch die malerischen Buchten, die schon Auguste Renoir inspirierten, ist es Zeit für eine Robinsonade: Herm, die mit 2 km² kleinste Kanalinsel 20 Fährminuten von Guernsey, ist ein *Strandparadies* – und das bedeutet Relaxen pur, an den karibikgleichen Stränden, in dem noblen Hotel oder in Apartments und Cottages: ein perfektes *Hideaway* für müde Städterseelen – ohne Autos, Lärm und Luftverschmutzung.

Noch mal ganz anders ist Sark. Das 5 km² kleine Hochplateau mit toller Steilküste wird erst seit dem 16. Jh. bewohnt und in Eigenregie unter der Führung eines Sei-

Steinzeitlichen Megalithgräbern wie Le Déhus auf Guernsey begegnen Sie immer wieder

gneurs – der Vogt der Queen – geführt. Seit sich Anfang des 21. Jhs. zwei Milliardäre auf einem Nachbareiland niederließen, zwangen sie Sark in die demokratische Neuzeit. Noch dürfen aber nur *Pferdekutschen*, Traktoren und Fahrräder auf der Insel verkehren und nachts lenkt keine Straßenbeleuchtung vom Sternenhimmel ab. Verblüffend präsentiert sich die fünfte Insel im Bunde: Alderney. Der

> **Skurriles ist Alltag in dem elitären Inselreich**

nördlichste Inselzwerg ist klimatisch rauer und bietet kaum Blütendickicht. Dafür bestimmen kapitale Festungsanlagen aus Jahrhunderten den Charakter des knapp 8 km² kleinen Alderney.

Dramatische Filmszenarien entstehen vor dem inneren Auge des Küstenwanderers, kongenial untermalt vom *Geschrei der Seevögel*. Wer hier wohnt, läuft vor etwas davon, sagt man: vor seiner Frau, dem Finanzamt, der Welt. Wer fürs Wochenende herkommt, der will tags an den Strand und nachts durch die *Pubs* ziehen. Wer einmal auf die Kanalinseln gereist ist, den zieht es irgendwann wieder hin. Denn nirgendwo in Europa kann man so famos aus der Zeit fallen.

IM TREND

1 Kreative Inseln

Kunst Die Nähe zu Meer und Gezeiten inspiriert Künstler, Modeschaffende, Juweliere und Poeten auf den Inseln zu viel künstlerischem Ausdruck. Dabei schaffen es Maler und Zeichner, Grafik- oder Modedesigner(innen) nicht nur in die Galerien von St. Helier und St. Peter Port, sondern auch auf internationale Bühnen. Und Stars wie Antony Gormley und Andy Goldsworthy oder Künstler aus China werden eingeladen, um als *artist in residence* Skulpturen oder Filme zu kreieren oder sich inspirieren zu lassen. *www.ormerland.com, artandislands.co.uk*

Bon Appetit

2

Foodfestivals 164 000 Insulaner denken dauernd ans Essen – angesichts von Seafood en masse nicht weiter verwunderlich. Fast Food gibt es überhaupt nur auf Jersey. Besonders die ausgedehnten Foodfestivals lassen den Insulanern das Wasser im Mund zusammenlaufen. Beim Tennerfest im Spätherbst machen um die 170 Restaurants den kompletten Archipel für sechs Wochen zum Foodmekka.

Naturverbunden

3

Umwelt Zu wahren Events arten die  Strandaufräumarbeiten mit *Beachwatch (mcsuk.org/beachwatch/greatbritishbeach clean | Foto)* aus. Statt im B & B übernachtet man dann gleich in der gesäuberten Natur, z. B. in einem Tipi mit selbst gesammeltem Abendessen. Das organisiert *Wild Guernsey (wildguernsey.wordpress.com/wildcamping)*. Die Outdoorführer haben sich natürlichen Angebot Guernseys verschrieben und bieten u. a. *Wild Food Workshops* an, bei denen Pflanzen aus Meer und Wald gesammelt und zubereitet werden – dabei lernt man gleich ein paar Insulaner kennen.

Klein, aber oho

Nachtleben Auch nach Sonnenuntergang gibt es einiges zu entdecken. Auf Guernsey ist die Inselhauptstadt St. Peter Port die Anlaufstelle für Nachtschwärmer. Hier ist der *Barbados Beach Club (The Pollet)* mit seinem abwechslungsreichen Programm zu Hause. Der Club bietet an sechs Tagen pro Woche DJs aus dem legendären Londoner Ministry of Sound, Livemusik oder auch mal Comedy oder Karaoke. *Rap battles* oder *Male strip* gibt es in Jerseys *Havana Club (3–15 Halkett Street | St. Helier)* zu sehen. Dort finden u. a. sehenswerte Gesangswettstreite zwischen Festland und Kanalinseln statt. Richtig voll wird es beim jährlichen *Jersey Live (www.jerseylive.org.uk | Foto)* im September. Das Festival lockt große Bands auf die Insel.

Hoch hinaus

Klettern Bei der tollen Felsenküste war es nur eine Frage der Zeit, bis die Kanalinseln auch auf der Karte der Kletterer auftauchen. Wer Anschluss sucht, wendet sich an den *Jersey Rock Climbing Club (www.jerseyclimbs.com)*, der sich mindestens einmal pro Woche zum Klettern trifft. Im Winter ist das *Langford Sports Centre* in St. Saviour der Treffpunkt. Auch Bouldern ist auf den Kanalinseln wegen der vielen abwechslungsreichen Routen beliebt. Zur Wahl stehen nicht nur die von der Ebbe freigelegten Klippen, sondern auch Kaimauern und Miniinseln. Bei der Suche nach dem passenden Boulder hilft der *Guernsey Mountaineering Club (www.gmc.org.gg)* mit seinen detaillierten Onlineinformationen. Ausrüstung fürs Klettern und Bouldern gibt es bei *Pinnacle Sports (10 Highfield Estate | St. Helier)*.

FAKTEN, MENSCHEN & NEWS

CHANNEL

Der Ärmelkanal ist eigentlich keine Badewanne. Im Sommer müssen sich Schwimmer mit Wassertemperaturen von maximal 17 bis 19 Grad begnügen. Zweimal täglich fließt jedoch das Wasser ab, als hätte jemand den Stöpsel rausgezogen. Ein Tidenhub von 10 bis 12 m sorgt für klare Badezeiten und sich ständig dramatisch verändernde Landschaften. Jersey verflacht nach Süden hin und gewinnt bei Ebbe bis zu 40 Prozent an Fläche hinzu. Die Insel hebt und senkt sich durch den Wasserdruck jedes Mal um etwa fünf Zentimeter. Buchten und breite Sandstrände kommen und gehen, was besonders für Strandspaziergänger und Höhlenforscher potenziell gefährlich ist. Yachten liegen stundenlang auf dem Trockenen. Fischer ziehen ihre Boote mit Traktoren auf den Strand hoch und parken sie an einer haushohen Ufermauer. Wenn große Teile der Küsten vom Atlantik Urlaub machen, kann es wenig weiter draußen durchaus hoch hergehen. Bei Alderney sind Strömungsgeschwindigkeiten von zwölf Knoten gemessen worden. Deshalb ist nicht nur für Yacht- und Sportbootfahrer höchste Aufmerksamkeit angesagt. Auch für die Schifffahrt sind die Gewässer des Golfe de Saint-Malo, in dem die Inseln vor der französischen Küste liegen, ein tückisches Fahrwasser. Früher profitierten die Insulaner von den zerschellenden Seglern, weil sie deren Ladung dann nur noch von den Felsen aufklauben mussten. Noch heute entdeckt man Wracks im Gewässer vor den Inseln.

Martellotürme und Wehrmachtsbunker: zwei charakteristische Zeugen der nicht immer friedlichen Geschichte der Channel Islands

DEUTSCHE BESATZUNG

Die Flughäfen auf den Kanalinseln existierten erst wenige Jahre, als zwischen dem 30. Juni und dem 3. Juli 1940 die deutsche Luftwaffe auf den unbewaffneten Inseln landete. Nur Tage zuvor hatten sich Tausende Insulaner bereits abgesetzt. Zunächst hatten die Deutschen Kartoffellaster bombardiert und einige Zivilisten getötet, um sich der Verteidigungsunfähigkeit der Inseln zu versichern. Am 1. Juli entstieg auf Jersey ein Flieger seiner Maschine, schritt zu einem Telegrafenamt und teilte dem Bailiff, einer Art Inselvorsteher, telefonisch die Besetzung der Insel mit. Fast fünf Jahre blieben die Deutschen und drückten dem einzigen je von ihnen besetzten englischen Territorium einen teilweise bis heute sichtbaren Stempel auf. Ortsnamen wurden eingedeutscht, deutsche Straßenschilder aufgestellt, im Kino lief fortan die Wochenschau. Die Inselzeitung wurde zensiert, was die Insulaner aber schon mal mit Hilfe von absichtlichen Rechtschreibfehlern als Code unterliefen. Man arrangierte sich, so gut es ging, kollaborierte ein wenig und musste einen erneuten Aderlass verkraften, als Ende 1942 gut 2000 auf den Inseln lebende Engländer nach Süddeutschland

Jerseykuh: Ihre *cream* ist erste Sahne

deportiert wurden. Die Ankunft von Hitlers Bausoldaten und Tausenden Zwangsarbeitern bedeutete dann den tiefsten Einschnitt ins Inselleben. Eine halbe Mio. m³ Beton wurde zu Wällen, Tunnels, Türmen und Bunkern verbaut, wobei vie-

le der mitteleuropäischen, slawischen und afrikanischen Arbeiter starben. Auf dem entvölkerten Alderney wurden drei Arbeitslager namens Helgoland, Borkum und Norderney von der SS geführt. Die Bunker und die viktorianischen Forts aus dem 19. Jh. machten Alderney zu einer der am stärksten befestigten Inseln weltweit, die nie ernsthaft angegriffen wurde.

FAUNA UND FLORA

Pflanzenliebhaber kommen am besten im April/Mai her: Dann explodiert die Inselwelt zu einem pflanzlichen Farbenrausch, der bis in den Herbst hinein zu immer neuen Farbteppichen mutiert. An den Küsten erwacht ein fußhoch blühendes Allerlei, das Inselinnere zieht mit blühenden Hecken und Gärten nach. Azaleen, Hyazinthen, Primeln, Orchideen, Schlehen, Rosen, Hortensien und viele mehr fügen sich zu einem impressionistischen Gesamtgemälde. Besonders hervorstechende „fremde" Flora sind etwa die palmenartig aussehenden *cabbage trees* (Coryline australis), ein neuseeländischer Drachenbaum, den man auch im Südwesten Englands an der Kanalküste findet. Bei den Blumen fallen besonders an Klippen die fleischigen, grellbunten Mittagsblumen auf, die man aus Südafrika, von den Kanaren und Kapverden kennt. Weniger prominent und zarter sind die im Mai blühenden Orchideen auf Le Noir Pré, einem ehemaligen Kartoffelacker im zentralen Dünenland von St. Ouen's Bay – hier besonders das Lockerblütige Knabenkraut (Jersey Orchidee). Darüber schweben die Seevögel: Möwen aller Art, Tölpel, Kormorane und sogar einige Hundert Papageitaucher erscheinen ab Mitte Mai zum Nisten. In den kleinen Waldstücken, auf den winzigen Hochplateaus Jerseys und in privaten Gärten tummeln sich Singvögel wie Provencegrasmücke und Schwarzkehlchen.

Tipp: Ein Bestimmungsbuch und ein Fernglas mitnehmen – und nicht erschrecken, wenn Sie plötzlich einen braunen Riesen vor der Linse haben: Das sind die schönen Jersey- oder Guernseyrinder, die mit ihrer extrem fetten Milch (bis zu sieben Prozent!) für die cremige, vanillegelbe Sahne und das köstliche Speiseeis auf den Inseln sorgen.

NSELDIALEKTE

Auf Inseln erhält sich manches länger als auf dem Festland. Die Channel Islands sind eine Art Sprachlabor für die Idiome Englisch und Französisch, die hüben und drüben gesprochen werden. In den letzten knapp 1000 Jahren wechselten die Insulaner vom Englischen ins Französische und zurück – geschichtsbedingt. Das normannische Französisch, das *patois,* war lange Zeit die Inselsprache und geriet den Zungen der einzelnen Eilande immer etwas unterschiedlich – Inseldialekte bildeten sich aus. Davor muss heute kein Besucher zurückschrecken, die Mitnahme eines englischen Wörterbuchs reicht völlig aus. Viele der örtlichen Bezeichnungen und Gehöftnamen sind weiterhin französisch, was man ihnen aber kaum noch anhört, denn die englische Zunge verhakt sich in französisch Geschriebenem. Im Jersey Museum kann man dem alten Dialekt vom Tonband lauschen. Etwa zwei Prozent der

BÜCHER & FILME

Die Rosenzüchterin – Lokalkolorit mit Mord: Charlotte Link lässt die Besetzung der Kanalinseln in ihre auf Guernsey spielende Erzählung einfließen. 2004 wurde sie mit Axel Milberg und Hannelore Elsner in den Hauptrollen verfilmt. Gedreht wurde allerdings in Südafrika

Was du nicht weißt – Zwei junge Frauen werden auf Jersey ermordet. Ihr tolles Gedächtnis bringt die Teehändlerin Emily Bloom der Lösung immer näher, aber auch sie selbst in große Gefahr … Der Autor, Ex-ZDF-Unterhaltungschef Claus Beling, hat schon nachgelegt: „Drum stirb auch Du!"

Deine Juliet – Ein hinreißender Briefroman der 70-jährigen Mary Ann Shaffer über die Korrespondenz zwischen einer Literatin und einem Bauern auf Guernsey. Kenneth Branagh will ihn seit Jahren verfilmen, aber Guernsey ziert sich

als Drehort. Doch nicht wegen des Originaltitels „Club der Freunde von Dichtung und Kartoffelschalenauflauf"?

Inselsommer – Der Franzose Eric Orsenna erzählt die wunderbare Geschichte einer Nabokov-Übersetzung ins Französische auf einer Insel im Kanal. Eine frivole, feinsinnige und ironische Vermählung von Literatur, Liebe und Inselmagie

Das Bild der alten Dame – Die Journalistin Petra Oelker ist für ihre Hamburgkrimis bekannt. Dieser spielt sowohl dort als auch auf Jersey

Jim Bergerac ermittelt – John Nettles, heute als Fernsehinspektor Barnaby bekannt, ermittelte in 90 Folgen als versoffener, hinkender Polizist auf Jersey. Das Auto des Kultermittlers – ein Triumph Roadster – steht beim Juwelier Jersey Goldsmith in St. Lawrence

Insulaner sprechen noch Jèrriais bzw. Gernesiais.

KÜNSTLER UND LITERATEN

„Es gibt nichts Erfreulicheres, als bei den Wanderungen zwischen den Felsen auf ein paar Mädchen zu treffen, die sich gerade zum Baden umkleiden und die, obwohl sie Engländerinnen sind, nicht sehr erschreckt reagieren." So schwärmte Auguste Renoir über die weiblichen und landschaftlichen Reize der Inseln. Renoir verbrachte 1883 einen künstlerisch produktiven Sommer auf Jersey und Guernsey und schuf dabei 18 Gemälde.

Inspiriert von den Inseln waren auch andere Künstler und Literaten. Angefangen beim großen Victor Hugo, der über sein Exil schrieb: „Ich muss es schon zugeben: Ich liebe das Exil ganz entschieden. Keine Besucher zu empfangen, keine Besuche zu erwidern, das Glück, allein zu sein." Ganz allein war er indes nicht, Freunde und Verehrer vom Festland wurden oft in seiner weißen Villa hoch über St. Peter Port empfangen.

Zur gleichen Zeit war auch Lillie Langtry auf Jersey berühmt. Selbst zwar nicht künstlerisch schaffend, war die Inselschönheit mit ihrer Haut wie Milch und dem Haar wie Kupfer die geborene Muse. Lillie gelang der Sprung in die Londoner Gesellschaft, sie wurde Mätresse des Prince of Wales, pflegte eine Freundschaft mit Oscar Wilde und hatte gleich mehrere Romanzen. Berühmt wurde ein Porträt des Malers John Everett Millais, der sie mit einer Lilie in der Hand malte und das Bild „Jersey Lily" nannte – ein Name, der ihr gefiel und den sie sich kurzerhand zulegte.

MARTELLOTÜRME

Die Inseln weisen eine große Zahl von Befestigungen auf – namentlich Alderney mit seinen viktorianischen Forts und den deutschen Bunkern. Nichts davon wirkt aber heute so romantisch wie die Martellotürme, die überall die Küsten überragen. Im späten 18. Jh. boten Türme die beste strategische Möglichkeit, verwundbare Küsten zu verteidigen. Als die Engländer an der Punta Martello auf Korsika eine lächerliche Figur machten, weil ihnen eine Turmbesatzung fast den Schlachtsieg gekostet hatte, übernahmen sie die Bauweise dieser Türme auch für die Kanalinseln. Schon Jahre zuvor hatte man ähnliche Rundbauten an den Inselküsten errichtet, um sich vor französischer Invasion zu schützen. Diese Türme hatten rundum Schießscharten und ganz zuoberst eine Kanone. Man konnte den Leiterzugang einziehen und war so für Angreifer ein kaum zu eroberndes Ziel.

SCHÖNE SCHEINE

Die Kanalinseln werden von unsichtbarem Geld regiert – dabei sind die sichtbaren Scheine echte Hingucker. Jersey hat eine Banknotenserie in verschiedenen Pastelltönen kreiert. Als Wasserzeichen lacht Sie das Jerseyrind an. Die Scheine sind 1, 5, 10, 20 und 50 Pfund wert. Alle ziert natürlich das Konterfei der Queen und dazu einzelne historische Landmarken. Die Scheine der States of Guernsey zeigen ebenfalls die Queen und unterschiedliche bauliche Motive. Inselgeld wird auf dem Festland ungern akzeptiert, Münzen gar nicht.

STEUEROASE

Dass die Kanalinseln Menschen mit sehr spezifischen Interessen anziehen, merkt man schon beim Anflug von London: So viele distinguierte Menschen in belt sind. Ausländische Firmen und korrupte Potentaten zahlten keine Steuern auf ihre Einlagen, einheimische Finanzdienstleister nur 20 Prozent – allein die schiere Menge an scheuem Geld spülte

Runde Sache: Martellotürme wie dieser an Guernseys Nordküste sind allgegenwärtig

der Uniform der internationalen Finanzwelt fliegen nicht täglich nach Jersey und Guernsey, nur um dort gemeinsam Urlaub zu machen. Die Touristen sind klar in der Minderheit, denn seit den 1960er-Jahren haben sich die Kanalinseln zu einer internationalen Urlaubsoase für Geld gemausert, das vom Staat in Ruhe gelassen werden möchte. Das Geld wird hinter unauffälligen Türen verwaltet, deren glänzende Namensschilder allein auf Jersey die Namen von fast 80 Banken verraten. Das tolle Geldgeschäft konnten sich die Inseln nur ausdenken, weil sie steuerlich von Großbritannien und der EU abgena-

Milliarden in die Kassen. Landwirtschaft und Tourismus wurden arrogant vernachlässigt. Nach dem Finanzcrash griff die EU durch und verlangte gleiche Besteuerung für ausländische und einheimische Firmen. Banken und Fonds flüchten seitdem von den Inseln, Insulaner verlieren ihre Jobs, die Schere zwischen Arm und Reich ist plötzlich spürbar. Jersey führte eine fünfprozentige Mehrwertsteuer ein, Guernsey erhöhte die Abgaben seiner Bürger. Die Angst vor dem Bankrott der Inseln geht um. Gegenmaßnahme: Der Tourismus muss wieder aus der Geheimtippecke raus!

ESSEN & TRINKEN

Die Lage im Gezeitensog macht die Inseln mit den köstlichen Kartoffeln sowie Sahne satt auch unter Wasser zum Schlaraffenland: Meeresgetier jeder Art tummelt sich. Vieles wird mit der Hand geerntet – frischer geht es nicht.

Liebhaber von Fisch und Meeresfrüchten werden selten fahle *fish-'n'-chips*-Gerichte finden, dafür Austern, Hummer und *Jakobsmuscheln* gleich körbeweise. Etwa in der Markthalle, die nach Pariser Vorbild in Jerseys Hauptstadt St. Helier gebaut wurde. Oder in den exquisiten Restaurants, die sich über die Inseln verteilen. Auf Jersey gibt es gleich vier Restaurants mit *Michelinstern*: das *Ocean* im Atlantic Hotel an der Westküste, in St. Helier das *Tassili* im Grand Jersey Hotel, das *Bohemia* sowie das *Ormer*. Berühmt sind ihre

Patrone nicht nur für die delikate Küche, sondern auch für ihre bisweilen exzentrische Lebensart. So pflegt manch Küchenchef höchstpersönlich nach Meeresfrüchten zu tauchen ...

Weniger eigenwillig beginnt der kulinarische Tag auf den Inseln: Die meisten Hotels bieten eine Melange aus kontinentalem Frühstück mit Toast, Marmelade und Ei und auf einer kleinen Karte das sogenannte *cooked breakfast* mit den aus Großbritannien bekannten Spezialitäten wie kleinen Würstchen, Champignons, *Speck und Ei in allen Varianten*.

Zum Lifestyle der Inseln gehört ein leichter Mittagslunch. Man trifft sich zwischen 12 und 14 oder 14.30 Uhr auf eine *Krabbenpastete* oder einen Teller mit vier Jakobsmuscheln in Brasserien, Bars und

Bistros. Restaurants offerieren preiswertere Mittagsmenüs – oft genutzt für Geschäftsessen. Die Atmosphäre ist fast mediterran. Es wird erzählt, gestikuliert und gelacht.

Nachmittags beginnt die behagliche Zeit: Muße für einen gepflegten ● *cream tea* – das britische *Picknick für drinnen*. Idealerweise machen Sie jeden Nachmittag eins und lernen dabei die schönsten Hotels kennen, ohne hier teuer übernachten zu müssen: die Terrasse des Somerville über St. Aubin, der Blick auf die südliche St. Ouen's Bay vom Atlantic, die *verwunschene Gartenatmosphäre* des Château La Chaire in Rozel Bay. Tearooms tun es aber auch, etwa auf der Jersey Lavender Farm in St. Brelade. Unverzichtbar beim *cream tea:* frisch gebackene *scones,* ein handtellerkleines Gebäck aus Mehl, Eiern und Rosinen. Während sich im südenglischen Devon und Cornwall regelrechte Glaubenskriege um den richtigen Genuss entzünden – Schlagsahne oder Marmelade *on the top?* –, nimmt man es hier gelassen. Hauptsache, der

27

SPEZIALITÄTEN

bean crock/Guernsey bean jar – Eintopf aus Gemüse, Bohnen, Zwiebeln, Karotten und Fleisch

black butter – gewürzte Creme aus gekochten Äpfeln

chancre crab – Taschenkrebs ist eine Spezialität der Inseln. Königlich in Pasteten, köstlich in Krabbensalaten (Foto re.)

cider – Früher wurde der moussierende Apfelwein auf den Inseln überall hergestellt. Übrig blieb der halbtrockene Cidre von La Mare Wine Estate

cod – Kabeljau. Einst ein Allerweltsfisch, heute stark gefährdet. Auf den Kanalinseln ist er – noch! – nicht rar und taucht sogar an Imbissständen auf

cream – Die Sahne von Jersey- und Guernseykühen hat viel Fett (fünf bis sieben Prozent) und Protein (vier Prozent). Färbung vanillegelb, Geschmack fast nussig. Sie wird zur Eis- und Käseherstellung genutzt, auf Sark auch für Pralinen

cream tea – Ensemble aus einem Kännchen Tee, ein oder zwei *scones* (kleines Gebäck), die mit Sahne und etwas Marmelade genossen werden

gache melee – traditioneller Guernsey-Apfelkuchen, wird warm und mit Sahne genossen

Jersey Royal Potato – Berühmte kleine Kartoffelsorte, die mit Seetang gedüngt wird und, nach Bedarf geerntet, stets frisch auf den Tisch kommt

lobster – Frischer werden Sie Hummer selten finden. Besonders gut wird er auf Sark zubereitet

oysters – Austern werden auf den Inseln angebaut, exportiert und überall serviert. Gezeitenwanderer vor Jersey finden sie selbst

scallops – Die fleischigen Jakobsmuscheln reicht man oft als Vorspeise (Foto li.)

turbot – Steinbutt; wird in einem deutschen Bunker gezogen und mit Jersey Royals serviert

---

vanillegelbe Rahm stammt von den inseleigenen Rindern. Ihn krönt eine aromatische Erdbeerkonfitüre, das einzig wahre Pendant zur *cream*. Während *Earl Grey*, Ceylon Blend oder Assamtee aus Silberkannen strömt, das Bone-China-Porzellan hauchzart klingt, gilt für Businessleute ab fünf Uhr nachmittags After-Work-Stimmung. In St. Peter Port und St. Helier treffen sich Banker und Angestellte bei Sekt, Selters und *Cocktails* in Bistros und Bars.

Am Abend wählt man ein legeres Essen im Pub – ob **britisches Roastbeef**, Lasagne oder tagesfrischer Hummer – oder trifft sich zwischen 18 und 20.30 Uhr, vereinzelt auch noch später, zum Dinner. In den Pubs bestellt und bezahlt man am Tresen. In Hotels gleicht schon das Bestellen einem stilvollen Kammerstück: Während man genüsslich an einem **Port in der Bar** schlürft, wird das Menü vorgestellt. Man wählt, sucht den passenden Wein aus, hält Konversation mit den anderen Gästen und wird wenig später an den Tisch geführt.

In Restaurants geht es meist ohne Umwege an die Tafel – auch hier locken Schlemmerofferten, oft französisch beeinflusst mit **frischen Austern** oder geräucherter Entenbrust als Vorspeise. Dann vielleicht ein Stück Lamm mit Rosmarinjus und zum Nachtisch ganz britisch **ofenwarmer apple pie** mit Sahne oder Vanilleeis – eine genussreiche Allianz aus England und Frankreich, die sich auch neuen Einflüssen nicht verschließt, Elemente aus der leichten, raffiniert gewürzten Thaiküche aufnimmt oder nach italienischem Vorbild frisches Gemüse, Knoblauch und Olivenöl zelebriert.

Von Anfang Oktober bis Mitte November gilt beim ● *Tennerfest (www.tennerfest.com)* der **kulinarische Ausnahmezustand** auf den Inseln: Fast 200 Restaurants, Bistros und Pubs beteiligen sich an dem Essfestival. Es werden drei, manchmal vier Gänge zu den festgesetzten, äußerst günstigen Preisen von 10 (dem *tenner*) bis 20 £ angeboten. Ab September stehen die Menüs auf der Website. Tagsüber gegen die Pfunde in der herbstlichen Natur anwandern, abends **rustikal am Kaminfeuer** oder ganz vornehm speisen: Die Inseln sind auch in dieser Jahreszeit ein tolles Ziel!

Die besten Austern liefern Farmen auf Jersey und Guernsey, gute **Hummer** werden vor der Insel Sark gefangen. Probieren sollten Sie auch die frischen Jakobsmuscheln. Und – so es sie gibt – *ormers:* eine kleine **Seeschneckenart**, auch als Seeohr oder Abalone bekannt, die nur von Januar bis April bei Ebbe gesammelt wird. Selten, teuer und beliebt – ein kleiner Glücksfall, wenn man sie auf einer

Wird mit Seetang gedüngt: Die Jersey Royal ist die Königin der Kartoffeln

Speisekarte entdeckt. Inzwischen hat ein Tüftler begonnen, sie im Watt zu züchten. Köstlich dazu sind frische Kartoffeln von Jersey – die **Jersey Royal Potato** ist eine unter Kennern wie Gold gehandelte Frühkartoffelsorte.

Den Abschluss bildet ein gutes Glas Wein – Importe aus Frankreich füllen die Weinkarten ebenso wie ein heimisches Jerseygewächs: die Erzeugnisse des **Weinguts** La Mare Wine Estate. Bier wird auf den Inseln auch gebraut.

EINKAUFEN

Man fährt nicht unbedingt zum Shoppen auf die Inseln, auch wenn die Preise durch die geringe (Jersey) bzw. ganz fehlende Mehrwertsteuer etwas niedriger sind als auf dem Festland. Leider macht der Kurs des Britischen Pfunds den Preisvorteil meist wieder zunichte. Allerdings geben sich die Schaufensterdesigner in den beiden Hauptststädten Mühe, Sie anzulocken. St. Helier hat mit seiner Mall Liberty Wharf behutsam und gelungen neue Architektur mit einem alten Schlachthof am Hafen vermählt. In St. Peter Port hingegen verbreitet der Ladenbummel durch die steil ansteigenden Gassen überm Hafen eine fast mittelalterliche Atmosphäre. Die Geschäfte sind in der Regel montags bis samstags von 8 oder 9 bis 17 oder 18 Uhr geöffnet, auf Guernsey zum Teil auch sonntags.

JERSEYSTOFF

Das Parlament von Jersey fühlte sich 1608 veranlasst, gegen die immer mehr um sich greifende Strickerei vorzugehen: Niemandem im Alter über 15 Jahre sei das Stricken während der Erntezeit, wo alle gebraucht wurden, gestattet. Bei Zuwiderhandlung drohten Stockschläge oder Kerkerhaft. Jung und Alt, Mann und Frau, alles strickte seinerzeit und versorgte England mit Millionen von Socken. Vom so ertragreichen Export ist heute nur noch der berühmte Pullover erhalten geblieben, den alle Welt „Jersey" nennt: gerade geschnitten, mit kleinem Stehbund und eng geschnittenen Armen. Er ist heute noch die Arbeitskleidung der Fischer. Die Wolle hält warm gegen Regen und Wind, ist resistent gegen Salzwasser und besitzt durch ihr Eigenfett feuchtigkeitsabweisenden Charakter. Er ist meist blau, mit Achseleinsätzen und einem Anker auf der Brust. Dem Guernseypullover fehlt der Anker.

KULINARISCHES

Klein, aber kalorienreich: Die sehr fetthaltige Milch der Jersey- und Guernseykühe sorgt für besonders leckeren Brie. Die Sahne kommt in *Rebecca's Chocolates* auf Guernsey oder in die *Caragh Chocolate* auf Sark. *La Mare Wine Estate* (www.lamarewineestate.com) auf Jersey hält die alte Tradition der Cidreherstellung aufrecht. Auch der Apfelbrandy oder der fast honigartige Wein Clos de la Mare, die Marmeladen und der Aufstrich *black butter* aus Äpfeln und Gewürzen sind leckere Mitbringsel.

Inselshopping: Wählen Sie zwischen maritimen Accessoires, sahniger Schokolade, wärmender Wolle und köstlichen Pralinen

SCHMUCK

Auf Guernsey hat *Catherine Best (www.ca therinebest.com)* zahlreiche Designpreise für ihre limitierten Juweleneditionen bekommen; sie benutzt auch weniger bekannte Edelsteine. Einen Showroom finden Sie u. a. in der *Windmill* in St. Peter Port. Eine Perle unter den Shoppingadressen sind die eleganten Verkaufsräume von *Jersey Pearl (www.jerseypearl. com)* am nördlichen Ende der Five Mile Road im Westen. Erstaunlicherweise handelt es sich bei dem kleinen Schmuckdesignimperium um ein Familienunternehmen, bei dem Sie zuverlässig echten Perlenschmuck oder schöne Imitationen kaufen können, täglich und mit Busanschluss. Ebenfalls seit Langem in Familienbesitz ist *Jersey Goldsmiths (www.jer seygoldsmiths.com)* im Inselinneren in St. Lawrence; die Auswahl an handgearbeiteten Stücken aus Edelsteinen ist groß. Interessant sind die eingefassten gemahlenen farbigen Steinsplitter aus der Gra-

nitserie – ein Besuch der Showrooms lohnt auch ohne Kaufabsicht.

SOUVENIRS

Auch wenn Sie bzw. die Beschenkten keine Sammler sind, sind Kleinigkeiten wie Briefmarken oder Bierdeckel hübsche Mitbringsel. Alle Kanalinseln geben wunderschöne und bisweilen skurrile eigene Wertzeichen heraus *(www.guernseystamps. com)* – besonders schön sind die aus Alderney mit Motiven aus Flora und Fauna. Bizarrer sind Orden der deutschen Wehrmacht oder deren Marschschallplatten, die Sie im La Valette Underground Military Museum bei St. Peter Port kaufen können. Ein weniger fragwürdiges Sammelobjekt sind die kleinen bunten Muscheln vom herrlichen Shell Beach auf Herm. Hier lockt auch garantiert von Inselbienen gesammelter Honig. Und an die alten Pubs erinnern Sie sich daheim, wenn Sie einfach einige Bieruntersetzer mit oft schönen Motiven einstecken.

JERSEY

Auf der größten Kanalinsel findet man die dramatischste Klippenszenerie, die coolste Westküste und das urbanste Citylife, dazu noch Buchten wie Piratennester: ein perfekt ausgestatteter Miniplanet von 8 mal 14,5 km, der sich vor 8000 Jahren von Frankreich davonstahl und nun 20 km vor der Küste im Golfstrom liegt.

Die politisch weitgehend unabhängigen gut 90 000 Ew. − von denen allerdings nur etwa die Hälfte hier geboren wurde − haben den besten Sonnenplatz Großbritanniens und auch einen der steuerbegünstigtsten Sonnenplätze für Gutbetuchte in Europa. Man gehört nicht zur EU, hat aber freien Warenaustausch, was allerdings nicht freien Zuzug bedeutet. Millionäre nimmt man jährlich nur noch begrenzt auf, denn an Geld mangelt es Jersey kaum: Rund 50 Banken und 33 000 Firmen sitzen auf angeblich 500 Mrd. £, zu zwei Dritteln ausländische Mittel. Der Finanzsektor macht denn auch fast 60 Prozent der Inselwirtschaft aus.

Der finanzielle Reichtum hält sich bedeckter als der landschaftliche: Hinter alten normannischen Mauern aus Granit wohnt diskret Gott weiß wer, aber an den noblen Autos erahnt man das Bankkonto. Dabei kommen die sportlichen Flitzer kaum über den zweiten Gang hinaus, denn die verwinkelten Inselstraßen lassen oft nicht mal die erlaubten 64 km/h zu. In den schmalen *green lanes,* den extra für Radler, Fußgänger und Reiter belassenen Landsträßchen, sind sogar nur 24 km/h erlaubt.

Ein Globus in Klein: coole Strände wie in Kalifornien, Lemuren aus Madagaskar, Asia-Seafood und ein Klima wie am Mittelmeer

Geruhsame Entdecker finden noch einige der berühmten Jerseykühe, deren hochfette Milch früher das Einkommen der Bauern bestimmte. Heute ist die Landwirtschaft mit kaum zwei Prozent vom Bruttosozialprodukt ein fast zu vernachlässigender Wirtschaftszweig.

Da die zwölf Dörfer auf Jersey oft wenig ausgeprägten Ortscharakter haben und mehr oder weniger ineinander übergehende Ansiedlungen sind, ist dieses Kapitel nicht nach Orten, sondern im Uhrzeigersinn nach den Himmelsrichtungen untergliedert. Die einzige richtige Stadt, St. Helier, wird dann separat am Ende des Kapitels vorgestellt.

DER WESTEN

An der Westküste streckt sich die ansonsten so verwinkelte und landschaftlich kleinteilige Insel großräumig aus. Hinter dem gut 7 km langen Strand wellt sich das Dünenland Les Mielles, das den vom Westwind angewehten feinen San-

Nur bei Ebbe erreichbar: Corbière Lighthouse in Jerseys Südwesten

den seine Entstehung verdankt. Für die deutschen Besatzer 1940–45 war die offene St. Ouen's Bay eine besondere Sorge. Sie befestigten die Bucht mit Betonmauer und Minen und machten den Strand zur Tabuzone. Weil auch nach dem Krieg die bauliche Entwicklung Jerseys an der Westküste vorbeiging, konnte sich eine reiche Flora recht ungestört entfalten.

Heute schützt Jerseys National Trust das Dünengebiet Les Mielles. Das Naturschutzgebiet wimmelt im Sommer von brütenden Vögeln, besonders am St. Ouen's Pond. Hier leben 17 Tierarten, die auf der Roten Liste vom Aussterben bedrohter Spezies stehen. Zugvögel machen im Frühjahr und Herbst Station. Der Zutritt ist frei, ein deutscher Kriegsbunker dient als Vogelausguck. Zu sehen sind u. a. Moorhuhn, Lerche, Kuckuck, Krickente, Uferschwalbe, Kiebitz und Eule. Zwischen Mitte Mai und Mitte Juni sind überdies zahlreiche Orchideen zu entdecken und kundige Botaniker stöbern ab Mai gut 400 Pflanzenarten auf Wanderwegen durch die Dünen auf. Drei Golfplätze sind Zugeständnisse an den Lifestyle.

Die Intimität der Dünen und des Vogelparadieses St. Ouen's Pond liegen nur wenige Hundert Meter vom großen ozeanischen Gefühl entfernt: Coole Surfer beobachten von den Terrassen der Cafés aus den Wellenschlag und geben der ansonsten wohlerzogen wirkenden Insel etwas Anarchisches. Das Stimmungsbarometer steigt, wenn die Sonne geht. Fußgängern sei zur blauen Stunde die Strandpromenade empfohlen. Welches Schauspiel Meer und Wellenreiter gerade geben, hängt von den bis zu 12 m schwankenden Gezeiten ab.

Beschaulich gibt sich das Hinterland. Hier liegen die Dörfer St. Ouen und St. Peter. St. Ouen ist die größte Inselgemeinde, St. Peter hat den mit 37 m höchsten Kirchturm der Insel.

SEHENSWERTES

CORBIÈRE POINT (133 D5) (⟲ A14)

Vom südwestlichsten Inselpunkt fällt der Blick auf das ⭐ *Corbière Lighthouse* vor der Küste. 1874 wurde der weltweit erste Betonleuchtturm vom Wasser her fertiggestellt. Der weiße Turm thront malerisch auf rotem Granit, der hier abgebaut und per Bahn gut 5 km zum Verschiffen in St. Aubin's Harbour gelangte. Der einfach zu gehende oder zu radelnde Corbière Railway Walk ersetzt heute die Schienen. Bei Ebbe ist der Leuchtturm zu Fuß zu erreichen. Das 🌿 *Lighthouse Restaurant (Rue de la Corbière | Tel. 01534 74 61 27 | www.corbierephare.com | €€)* bietet grandiose Aussicht und gute Küche.

LA GRANDE ROUTE DES MIELLES
(133 E3–5) (⟲ B11–13)

Die sogenannte Five-Mile-Road an der Küste ist der Sunset Boulevard der Kanalinseln. Besonders atemraubend ist der Einstieg von Süden her. Auch wenn es fast das einzige gerade Stück Asphalt auf Jersey ist: Nicht abheben! Auch hier gilt Tempo 64 (40 mph).

GROSNEZ CASTLE UND LE PINACLE 🌿
(133 D1–2) (⟲ A9–10)

Ruine mit schöner Aussicht: Vom Grosnez Point, dem Felsvorsprung im Nordwesten, liegen Guernsey (ca. 25 km) und Sark (ca. 18 km) zum Greifen nah. Von der im 14. Jh. gebauten Burg Grosnez Castle steht noch romantisch der Torbogen. Ein Fußweg – ideal zum morgendlichen Joggen mit toller Aussicht – führt nach Süden über das Hochplateau Les Landes zum 61 m hohen Felsen Le Pinacle, der in der Morgensonne an ein Gesicht erinnert. Der Ort diente viele Tausend Jahre lang als Kultstätte. Auf halbem Weg passiert man einen deutschen Küstenturm. Ein Pfad führt weiter oberhalb der Küste entlang und endet am nördlichsten Punkt der flachen Westküste – ein insgesamt knapp einstündiger INSIDER TIPP ▸ toller Wanderweg.

JUDITH QUÉRÉE ★ ●
(133 F2) (*∅ C11*)

Ein verstecktes Sandsteinhäuschen, ein prachtvoller und wuseliger Garten mit 2000 Stauden aus aller Welt, ergänzt durch einen Sumpfgarten voller Lilien, dazu feurige Rosen vor Farnbäumen: Kenntnisreich und unermüdlich führt Judith durch ihr überbordend blühendes Reich. Für Gartenfans ein Muss! *Mai–Sept. nach Anmeldung Di–Do 11 und 14 Uhr | 7 £ | Léoville | Le Chemin des Garennes | Tel. 01534 48 21 91 | www.judith queree.com*

INSIDER TIPP LE NOIR PRÉ
(133 E3) (*∅ B11–12*)

Ein echtes Kleinod ist diese Westküstenweide und -wiese. Im Mai und Juni blühen hier ca. 32 000 Orchideen, darunter ein spezielles Knabenkraut namens Jersey Orchid (Orchis laxiflora). *Chemin de L'Ouzière*

LA ROCCO TOWER (133 D5) (*∅ B13*)
Auf dem winzigen La Rocco Island am südlichen Ende der St. Ouen's Bay wacht einen knappen Kilometer vor der Küste einer der für Jersey typischen Rundtürme. Die 1801 fertiggestellte Befestigung war gegen französische Invasoren gedacht, litt aber erst als Zielobjekt unter den Schießübungen der deutschen Besatzer. 1969 restauriert, gehört der Turm seit 2013 in den spannenden Strauß von einem guten Dutzend Bauten, die als bewohnbares Inselerbe *(heritage lets)* Reisenden als ungewöhnliche Unterkünfte zur Verfügung stehen. *www.jerseyherita ge.org/holiday*

ESSEN & TRINKEN

BIG VERN'S (133 E3) (*∅ B12*)
Das Strandcafé an der Grande Route des Mielles ist bei Insulanern besonders beliebt. Tolles Frühstück, leckerer Fisch vom Grill. *Tgl. | Tel. 01534 48 17 05 | €–€€*

INSIDER TIPP FAULKNER FISHERIES
(133 D2) (*∅ A10*)

In einem Bunker am Meer in L'Étacq hält Sean Faulkner Meeresfrüchte und Speisefische. Die großen Taschenkrebse sind Hingucker, die Saucen schöne Mitbringsel, die Fische was für Selbstversorger. Tipp: Preiswert Austern schlürfen für den kleinen Hunger zwischendurch! *April–Okt. So/Mo 11–14, Di–Sa 11–15 Uhr | www. faulknerfisheries.co.uk*

INSIDER TIPP THE LINE UP
(133 E4) (*∅ B12*)

Der mobile Strandkiosk mit nahrhaftem, preiswertem Fast Food – *Bacon-Avocado-Rolls,* Burger, Kaffee – steht zentral am Westküstenstrand: da, wo mans braucht. *Tgl. | €*

OCEAN (133 E5) (*∅ B13*)
Den Michelinstern erkocht sich Mark Jordan zuverlässig jedes Jahr. Das Restaurant ist im Viersternehotel *The Atlantic (€€€)* an der Westküste untergebracht. *Tgl. | Le Mont de la Pulente | Tel. 01534 74 41 01 | www.theatlantichotel. com | €€€*

EL TICO (133 E4) (*∅ B12*)
Populäres Strandrestaurant an der Grande Route des Mielles mit recht preiswerten Fischgerichten. Leger, trotzdem guter Service. *Tgl. | Tel. 01534 48 20 09 | €–€€*

EINKAUFEN

CLASSIC FARM SHOP ♻
(133 F3) (*∅ C–D12*)

Jersey ist bestens eingestellt auf den kleinen Hunger zwischendurch oder das Selberkochen. ● *Hedge-Veg-Stalls* – wörtlich „Heckengemüsestände" – entdecken

Sie überall auf der Insel. Ein kleiner Obolus in die Geldkiste *(honesty box)* genügt, um sich mit frischem Obst oder Gemüse zu versorgen – immer öfter auch bio. Regelrechte *farm shops* bieten eine größere Auswahl und auch Raritäten. In diesem Hofladen der Manor Farm direkt in St. Peter bietet Julia Quénault **INSIDER TIPP** hausgemachte Käsesorten an: Camembert, Brie und ein sehr leckerer Jersey Golden Blue sind tolle Mitbringsel. Aromatisch ist auch das Fleisch junger Bullen, die in der Inselmilchwirtschaft sonst schottischen Küstengrüns: *Les Mielles Golf and Country Club (St. Ouen's Bay | Tel. 01534 48 27 87 | www.lesmielles.com)* und *La Moye Golf Club (St. Brelade | Tel. 01534 74 34 01 | www.lamoyegolfclub.co.uk)*

SURFEN (133 E3–4) (Ⓜ *B11–13*)
Die besten Bedingungen fürs Wellenreiten im Ärmelkanal herrschen hier im Zentrum der weiten St. Ouen's Bay. Australische Surfer kommen seit über 50 Jahren zur Aufsicht her. Zwischen den Restaurants El Tico und Watersplash

St. Ouen's Bay: Der Tidenhub des Ärmelkanals verändert mehrmals täglich das Gesicht der Bucht

keinen Wert haben, hier aber auf einer abgeernteten Narzissenwiese grasen. Außerdem: Eier, Marmelade, Wein … *La Route du Manoir | St. Peter | www.classic farmshop.com*

kann man Surfer beobachten, selber Boards leihen oder sich beim Bodysurfing bäuchlings auf einem Brett versuchen. *www.jerseysurfschool.co.uk*

FREIZEIT & SPORT

GOLF (133 E4–5) (Ⓜ *B12–13*)
Die beiden 18-Loch-Dünengolfplätze erinnern fast ein wenig an die berühmten

STRÄNDE

ST. OUEN'S BAY ⭐
(133 D–E 2–5) (Ⓜ *A–B 11–13*)
Lang und breit wirft sich Jerseys Westküste dem anrollenden Ozean entgegen.

Wellenreiter und Windsurfer können ganztägig in den als sicher gekennzeichneten Bereichen abheben; Schwimmer sollten sich immer innerhalb der ausgeflaggten Bereiche bewegen, die im Sommer von *coast guards* überwacht werden. Bei Ebbe gibts manchmal Autorennen auf dem ansonsten Mensch und Tier vorbehaltenen Strand. Alle paar Kilometer findet man Burger und Kaffee sowie Parkplätze.

AM ABEND

WATERSPLASH (133 E3–4) (🛱 B12)

Ein Hauch von sportlicher Coolness: Die lokale Surferszene in Flipflops bevölkert die große Bar mit den gegen Sonnenlicht getönten Scheiben. Das Lokal ist aktives Zentrum, Lounge und Diner zugleich, es gibt etwa preiswerte *fish 'n' chips*. Zu Livemusik von Folk bis Rock trifft man sich an Wochenenden; das Programm steht auf der Website, ebenda gibts außerdem täglich Surfnews. Im Sommer später Busverkehr zurück nach St. Helier. *Tgl. | Tel. 01534 48 28 85 | www.water splashjersey.com*

ÜBERNACHTEN

ATLANTIC HOTEL (133 E5) (🛱 B13)

Luxus mit Understatement – eins der besten Hotels auf Jersey. Pool und tolle Küche, Blick auf Meer und Golfplatz. *50 Zi. | Le Mont de la Pulente | St. Brelade | Tel. 01534 74 41 01 | www.theatlanticho tel.com | €€€*

LE DON HILTON (133 E3) (🛱 B12)

Das robuste Cottage mit dem gemauerten Dach ist die eigenartigste Küstenbefestigung Jerseys. Mindestens seit 1665 steht hier direkt an der Küstenpromenade gegenüber dem Dünensee St. Ouen's Pond ein heute geweißeltes Haus. Das weithin sichtbare Gebäude war Küstenwachhaus, Schießpulverlager und Kanonenstellung. Von 1815 bis 1832 bewohnte es zeitweise eine gewisse Mary Best mit ihren Kindern, da zu dieser Zeit die meisten Küstenforts ausgedient hatten. Der spätere Besitzer, Colonel Hilton, schenkte es 1975 der Stiftung für Denkmal- und Landschaftsschutz National Trust for Jersey. Heute ist das wuchtige, unmöblierte Gebäude ein schöner Picknickspot bei Sonnenuntergang. Ganzjährig kann das Gebäude für mindestens drei Tage von Gruppen gemietet werden. Es gibt Platz für sechs Schlafsäcke, draußen ist ein Grillplatz. Ein `INSIDER TIPP` idealer Ort für Gruppen von Campern, Wanderern und Radlern, die preisgünstig Westküste und Dünenland erforschen wollen. *2 Tage 150 £ | Tel. 01534 48 31 93 | www.natio naltrust.je/site/le-don-hilton*

`INSIDER TIPP` LES ORMES VILLAGE ✿ (133 E5) (🛱 B14)

Die Holzbungalows der Ferienhaussiedlung in den Dünen der St. Ouen's Bay bieten vier bis sechs Personen Platz. Wunderbare Lage am Meer, toll für Kinder zum Austoben. Zwei Erwachsene und zwei Kinder um 1450 Euro pro Woche in der Hochsaison. *Tel. 01534 49 70 01 | www.lesormesjersey.co.uk*

DER NORDEN

Jerseys Höhepunkt liegt im Norden. Topografisch allemal, steigt die Insel doch nach Norden hin an.

Und wenn man den Inselkontinent mit Auto oder Bus durchquert hat, verlockt der Duft des Ozeans zu beschwingtem Ausschreiten. Hier riecht die Küste nach Aktivität und Eroberung. Kleine Buchten sind tolle Sackgassen. Wer als Küstenwanderer den allgegenwärtigen Klippenpfad unter die Füße nimmt und in einem Meer von Farn abtaucht, wird für seinen Schweiß mit tollen Ausblicken belohnt. Immer wieder läuft man Gefahr, sich einfach in der Sonne auf einem Felsvorsprung niederzulassen und die Zeit zu vergessen oder sich in einer kleinen Bucht am *cream tea* zu übernehmen. Allen Abstiegen in die kleinen Buchtjuwelen ist gemein, dass sie steil und gewunden sind und unten ein Ensemble aus Strand, Fischerbooten, Café und Bushaltestelle wartet – alle zwei Stunden eine perfekte Pause für Küstenwanderer. Auch wenn man im geschäftigen Süden der Insel wohnt, ist der einsame Norden nur eine kurze Busfahrt entfernt. Im Hinterland wird der Küstenverlauf in respektvollem Abstand von einer Hauptstraße nachgezeichnet, die durch die drei Gemeindezentren St. Mary, St. John und Trinity führt. Im Gegensatz zu den Ortsnamen sind die meisten Straßennamen französisch. Hinter manch einem verbirgt sich ein alter Schiffsname.

SEHENSWERTES

DEVIL'S HOLE UND SOREL POINT
(134 A1) *(🗺 D9–10)*

Zu einer Halbtageswanderung mit spektakulärem Küstenblick lockt der ⚜ Wanderpfad zwischen Devil's Hole und Sorel Point. Start ist am Parkplatz des urigen Landgasthauses Priory Inn (auch mit Buslinie 7 gut zu erreichen). Ein kurzer Abstecher – halten Sie Ausschau nach der klassisch anmutenden Teufelsskulptur im Dickicht – führt Sie zum Devil's Hole, aus dem bei starker Flut das Meerwasser emporschießt. Von dort führt der Pfad nordostwärts zur Klippe Sorel Point mit einem Leuchtfeuer. Weiter unten zeigt der Granit eine dunkelrote Färbung, die bei Sonnenuntergang zu glühen scheint. Vom Sorel Point kann man über kleine Sträßchen einen Bogen zurück zum Priory Inn schlagen. Dort lassen Sie sich den **INSIDER TIPP** erstaunlich günstigen Meeresfrüchteteller für zwei mit Muscheln, Garnelen und frittierten Fischchen servie-

Küste beim Devil's Hole: Hier zeigt der Atlantik seine Muscheln

CLIFF PATH

Heimat Madagaskar aufsucht. Hier können Sie die recht zerzauste, nachtaktive Primatenart, in ihrer Heimat aus optischen Gründen verschrien, im Halbdunkel erspähen: ein magischer Moment. Einige weitere – tagaktive – Lemurenarten turnen draußen herum und besonders die Gorillas faszinieren. Das parkähnliche Gelände verstärkt den leicht unwirklichen, paradiesischen, fast entrückten Eindruck, den der ungewöhnliche Zoo auf Besucher macht. An der Zufahrt erinnern Betonnachbildungen von Dodos, einem im 17. Jh. ausgerotteten Kranichvogel, stellvertretend an ausgestorbene Tierarten, stehen aber gleichzeitig für ein skurriles Kuriositätenkabinett, das auch unspektakulären Kleintieren ein neues Heim gibt. Führungen öffnen die Augen für die Endlichkeit tierischer Ressourcen auf der Welt. Die Aufzucht bedrohter Arten ist ein Hauptziel. Jerseys Zoo hat einen guten wissenschaftlichen Ruf und pflegt Austausch- und Aufzuchtprogramme etwa mit dem Melbourne Zoo. *Tgl. 9.30–17, April–Okt. bis 18 Uhr | 14,50 £ | www.durrell.org*

LA MARE WINE ESTATE ⭐
(134 A2) *(ℳ D10)*
Das Golfstromklima machts möglich: Vier akzeptable Weine, ein Sekt und ein Cidre verbergen sich hinter den schön gestalteten Etiketten des kleinen Weinbaubetriebs. Der lässt sich gern hinter die Kulissen schauen. Im Shop sollten Sie nicht versäumen, ein Glas hausgemachte *black butter* zu kaufen, einen schwarzen Brotaufstrich aus Cidre, Zimt, Äpfeln und Gewürzen. Vom Schnaps ganz zu schweigen. Wer nachmittags kommt, sollte sich den Kuchen nicht entgehen lassen. *Mitte April–Okt. tgl. 10–17 Uhr | Eintritt frei, geführte Tour durch winery und destillery mit Weinprobe 9,95 Euro | www.lamare wineestate.com*

Vom Aye-Aye bis zum Gorilla:
Durrell Wildlife Conservation Trust

ren und schmausen draußen in der Frühabendsonne.

DURRELL WILDLIFE CONSERVATION TRUST ⭐ (135 D3) *(ℳ G11)*
Jersey als Arche: Die weltweit aktive Stiftung zeigt in ihrem Zoo auf Jersey etliche bedrohte Tierarten, deren spektakulärsten Vertretern der für seine Tierbücher bekannt gewordene Gerald Durrell – Bruder des Romanciers Lawrence Durrell – teilweise selbst nachstellte. Das **INSIDER TIPP** ▶ Fingertier (Aye-Aye) wird wohl kaum jemand zu Gesicht bekommen, der dessen

ESSEN & TRINKEN

LA FONTAINE (134 B1) (*ɯ E10*)
Uriges, großes Pub aus dem 15. Jh. Entspannte, kinderfreundliche Atmosphäre. Typische *pubmeals*. Tgl. | Route de Nord | St. John | Tel. 01534 86 27 07 | €–€€

HUNGRY MAN ● (135 E2) (*ɯ J11*)
Dies ist nur ein Kiosk in der Rozel Bay, der so ziemlich alle Fast-Food-Varianten – auch vegetarische – serviert. Aber die Warteschlange signalisiert: Hier gibts Gourmetburger – manch ein Einheimischer fährt extra her, um hier seinen *cream tea* – übrigens der preiswerteste der Insel – zu genießen. *In der Saison tgl. | Rozel Bay | €*

ST. MARY'S COUNTRY INN
(134 A2) (*ɯ D11*)
Das gemütliche Gasthaus wartet mit leckeren Gerichten auf, etwa Jakobsmuscheln im Speckmantel, Bestes Pub im Norden. Lassen Sie sich ein hopfiges Liberation Ale servieren und stoßen damit auf die Befreiung Jerseys von deutscher Besatzung an. Freitags Livemusik. *Tgl. | La Rue des Buttes | St. John | Tel. 01534 48 28 97 | €–€€*

FREIZEIT & SPORT

INSIDER TIPP ▶ CIDER APPLE ORCHARD
(135 D2) (*ɯ G11*)
Feine Picknickstelle nahe der Trinity Parish Church, wo der National Trust 120 Apfelbäume gepflanzt hat, um die Gene der alten Cidrefrucht zu bewahren. *La Rue du Mont Pellier*

TAUCHEN (135 D2) (*ɯ G10*)
Die Nordküste und ihre kleinen, versteckten Buchten mit ihrem steilen Abfall bieten bei Nordostwind beste Sicht unter Wasser. Das *Bouley Bay Dive Centre (Tel.*

01534 86 69 90 | www.scubadivingjersey. com) in Bouley Bay vermietet Tauchgeräte und -kleidung und vermittelt Tauchen vom Boot.

STRÄNDE

BONNE NUIT BAY (134 C1) (*ɯ F10*)
Ein kleines Buchtjuwel: bunte Boote, Sand- und Geröllstrand, dazu ein geschäftiges *Strandcafé (abends geschl. | €–€€)*, das tagsüber etwa Krabbenbrote serviert. Ab nachmittags wirds feurig mit leckerer Thaiküche (die Inhaberin ist Thailänderin).

LOW BUDGET

Von einem *guide* geführte Wanderungen sind ein preiswertes Inselhighlight. Im Mai und September findet jeweils die *Walking Week* statt, bei der kostenlose oder besonders günstige ● Themenwanderungen (Orchideen, Vogelwelt, Besatzungs- oder Farmhistorie) angeboten werden. *www.jersey.com/walking*

Ein Fahrrad *(ab 21 Euro/Tag | short. travel/kai14)* kostet nicht nur weniger als ein Mietwagen, auf der Insel ist ohnehin alles für das Radeln ausgelegt: gute Radkarten, gekennzeichnete Routen und Vorfahrt auf den Landsträßchen. Noch billiger ist das dichte Busnetz *(1,50–2 £ | www.liber tybus.je)*.

Im eigenen Zelt kommen Campingfans am billigsten unter *(15,50 Euro/ Pers.)*, im stationären Hauszelt schlafen zwei Personen noch relativ günstig *(ab 31 Euro). short.travel/kai15*

BOULEY BAY

(135 D–E2) *(ⓜ G–H 10–11)*

Schöne Badebucht mit Steinstrand, garniert von einem Hotel, einem Pub und einer kleinen Tauchschule. Am Kiosk *Mad Mary* – inseltypische, engagiert geführte Miniküche mit Stühlen davor – ist bis nachmittags immer was los, weils mundet und gesellig ist.

GRÈVE DE LECQ

(133 F1) *(ⓜ C10)*

Typisch halbmondförmige Nordküstenbucht, bei Ebbe sogar mit Sandstrand. Reiter galoppieren am Wasser, Fischer ziehen Boote für die Flut weit den Strand hoch. Dazu ein Café, das Hotel *Prince of Wales (14 Zi. | Tel. 01534 48 22 78 | www. princeofwalesjersey.com | €€)* mit Pub und ein alter Wehrturm.

PLÉMONT BAY

(133 D–E1) *(ⓜ B9–10)*

Die westlichste Badebucht an der steilen Nordküste hat – bei Ebbe! – den schönsten Sandstrand, auch für Kinder. Stufen führen hinunter in die Küstenfalte, bei Flut bleibt einem die herrliche Aussicht. Unten gibts **INSIDER TIPP** begehbare Höhlen, oben ein kleines, freundliches Café mit leckerem Kuchen und Frühstück. Der Küstenwanderweg kreuzt die Bucht; famos ist das gut einstündige Auf und Ab nach Grève de Lecq.

ROZEL BAY

(135 E2) *(ⓜ J11)*

Schönes Strandörtchen mit griechischem Inselhafenflair. Häuser und Boote schwelgen in knalligen Farben. Schwindelerregend abgründiges Hafenbecken mit dem brillant-kitschigen Kiosk *Hungry Man* und dem guten, madeirisch geführten Fischrestaurant *Navigator (Di geschl. | Tel. 01534 86 58 00 | www.navigatorjersey. com | €€)*.

AM ABEND

Das Nachtleben im Norden ist wenig ausgeprägt. Im gemütlichen *Rozel Pub* in

Stufen führen – bei Ebbe! – hinunter in die Plémont Bay an Jerseys Nordwestspitze

Rozel mischen sich Besucher und Einheimische, desgleichen im *Black Dog* im Water's Edge Hotel in der Bouley Bay.

ÜBERNACHTEN

CHÂTEAU LA CHAIRE (135 E2) (*ᗰ H11*)

Das vielleicht romantischste Hotel der Insel mutet an wie ein edles, gemütliches Landschloss. Im Keller ruht Mouton-Rothschild-Rotwein, im Haus regieren Eichenpaneele, drumherum verwildert ein Garten, der 1841 vom Botaniker Samuel Curtis, dem Direktor der Londoner Kew Gardens, entworfen wurde. Exklusive Eleganz plus Dornröschencharme im zerklüfteten Nordosten Jerseys. Die 14 Zimmer sind unterschiedlich gestaltet, einige haben einen Balkon. *Rozel Bay | Tel. 01534 86 33 54 | www.chateau-la-chaire.co.uk | €€€*

INSIDER TIPP ▶ DURRELL WILDLIFE CAMP

(135 D3) (*ᗰ H11*)

Campen am Zoo in geräumigen Luxuszelten?! Ein wenig wie auf Safari wird sich fühlen, wer in den Jurten mit Holzöfen in der Nähe des Lemurensees übernachtet. Der Eintritt im Zoo ist ebenso inbegriffen wie die geführten Zwielichttouren bei Sonnenaufgang und -untergang. *Tel. 01534 86 00 90 | www.durrell.org | €€*

ROZEL CAMPING PARK

(135 E2) (*ᗰ J11*)

Urlauber können ihre eigenen Zelte mitbringen oder eines der fest installierten Wohnzelte anmieten. Zur Anlage gehören Swimmingpool, Shops und Spielplätze. Eigenes Zelt ab 13 £. *St. Martin | Tel. 01534 85 67 97 | www.rozelcamping.co.uk*

UNDERCLIFF GUEST HOUSE

(135 D2) (*ᗰ G11*)

Die schöne Pension ist ein idealer Stopp für Wanderer, die an der Nordküste unterwegs sind. Auch Unterkünfte für Selbstverpfleger. *13 Zi. | Bouley Bay | Tel. 01534 86 30 58 | www.undercliffjersey.com | €*

THE WATER'S EDGE HOTEL

(135 D2) (*ᗰ G10–11*)

Die fünf Stockwerke bringen einen Touch große Welt in die kleine Bucht. Mit Penthouse, Dachterrasse, Pool und Jacuzzis. Das Pub kontrastiert dagegen mit heimeliger Fachwerkatmosphäre. *50 Zi. | Bouley Bay | Tel. 01534 86 27 77 | www.watersedgehotel.co.je | €€*

DER OSTEN

Die Morgensonne erhellt eine Küste mit allgegenwärtigem flachem Strand. Das Meer enteilt bei Ebbe so weit, dass eine kilometerbreite Sandlandschaft entblößt wird, bewacht von Martellotürmen.

Der beste Platz an der Sonne ist mit Gorey der einzig nennenswerte Küstenort. Burg, Hafen und Möwengeschrei bilden eine dramatische Kulisse. Der Osten ist etwas für Müßiggänger. Die große Sichel der Royal Bay of Grouville kann Strandspaziergänger mühelos stundenlang beschäftigen. Dabei können Sie die alten Befestigungstürme zählen oder die Damen, die im Watt ihre Hunde ausführen. Die nördliche Buchtsichel zwischen dem Aussichtspunkt Le Saut Geoffroi und St. Catherine's Breakwater ist kleiner und bietet von der ufernahen Straße schöne Ausblicke. Bei Ausflügen ins Hinterland stolpert man förmlich über Dolmen, neolithische Gräber.

SEHENSWERTES

DOLMEN DE FALDOUËT

(135 F4) (*ᗰ J12–13*)

Nur wenige Hundert Meter hinter der Burg von Gorey versteckt sich diese fast

6000 Jahre alte Grabanlage, von der noch ein 15 m langer Gang und der Grabtisch von der langen Geschichte menschlicher Besiedlung auf Jersey Zeugnis ablegen.

MONT ORGUEIL CASTLE ★
(135 F4) (𝄞 K13)

Die Burg aus dem 13. Jh. ist der majestätischste Anblick auf der Insel. Sie sollte vor 800 Jahren die Franzosen abschrecken und ist auch heute nicht ohne etwas Anstrengung zu erreichen. Die Steinstufen vom Hafen sind der beschwerlichere von zwei Zugängen, aber das gut gepflegte Kastell hat ein paar Tropfen Schweiß bei der Eroberung verdient. Erstaunlich ist, dass das Castle nach wie vor in sehenswertem Zustand ist, denn nach Erfindung der Schusswaffen waren die Mauern keinen Schuss Pulver mehr wert. Dennoch fanden sich immer wieder Liebhaber des Gemäuers wie etwa Sir Walter Raleigh, der sich als Gouverneur um 1600 für den Erhalt starkmachte. Für die politischen Gefangenen während der Französischen Revolution 1789 war die Burg ihr Alcatraz. Heute zeigen Ausstellungen nachgestellte Szenen einer Belagerung und archäologische Funde. Ganz oben findet man den vielleicht besten ☖ Aussichtspunkt der Insel, ganz unten liegt malerisch der Ort. *Mitte März–Okt. tgl. 10–18, Nov.–Mitte März Fr–Mo 10–16 Uhr | 12,15 £*

ST. CATHERINE'S BREAKWATER
(135 F3) (𝄞 K11)

Die 800 m lange Hafenmauer wurde als viktorianische Antwort auf die französische Befestigung von Cherbourg Mitte des 19. Jhs. gebaut. Eigentlich sollte ein befestigter Hafen mit einer zweiten Mauer bei Archirondel entstehen, aber die aufkommende Dampfschifffahrt stoppte das Projekt. Die gewaltige Mole lockt ● Angler, Bottlenose-Delphine und Sonnenaufgangsspaziergänger an. In einem ehemaligen Bunker und Tunnel der deutschen Wehrmacht hat der Exfischer David Cowburn eine Steinbuttfarm eingerichtet: Die ⊕ *Jersey Turbot Farm (Tel. 01534 86 88 36)* lädt ein zum Schauen, Fischkaufen und zum Schwatz mit dem Entrepreneur, der seine über 6000 Fische mit organischem Fischfutter ernährt. Achtung, Selbstversorger: Mindestens einen Tag vorher anrufen!

VICTORIA TOWER ☖
(135 F4) (𝄞 J12–13)

Der kleine Martelloturm steht hoch über der Küste etwas nördlich der Burg von Gorey und bietet einen tollen Hintergrund für ein **INSIDER TIPP** ▶ **Picknick mit Panorama.** Der Blick schweift vom Catherine's Breakwater zur Burg. Nicht weit entfernt liegt der Dolmen de Faldouët. Man kann schön von der Burg über Mont de la Guérande hinauflaufen. *Rue des Marettes*

ESSEN & TRINKEN

CRABSHACK (135 F4) (𝄞 J13)

Hinter der Burg werden *catch of the day*, Beefburger und Muscheln serviert. *So-Abend, Okt.–März auch Mo geschl. | Route de la Côte | Tel. 01534 84 02 18 | jersey crabshack.com | €€*

DRIFTWOOD CAFÉ (135 F3–4) (𝄞 J12)

Vitaminstoß für die Ostküste: Frühstücks- und Lunchcafé am Strand mit frischen Kochideen. *Tgl. | Route de la Côte | Archirondel Bay | Tel. 01534 85 21 57 | €*

ENTWHISTLES FISH & CHIPS
(135 F4) (𝄞 J13)

Seit 30 Jahren ist der Take-away ein Hit bei den Einheimischen. Gehen Sie durch die grüne Tür in Gorey Village, lassen Sie

Unten liegt pittoresk der Ort, oben lockt Jerseys schönster Aussichtspunkt: Mont Orgueil Castle

sich eine große Portion frisch frittierten Fisch und tolle Chips einpacken und marschieren Sie runter zum Meer und vertilgen die Kalorienbombe auf einer der Bänke inmitten von Blumenbeeten und im Angesicht der Burgsilhouette linker Hand. *So geschl.* | *Main Road* | *www.ent whistles.com* | €

FEAST (135 F4) (*Ø J13*)
Die gute, internationale Küche ist bei den Jerseyanern beliebt. Im Winter brennt ein Kaminfeuer, im Sommer können Sie Ihre Muscheln oder das Steak draußen direkt am Hafen unterhalb der Burg essen und dabei die Gezeiten beobachten. Bitte reservieren! *Mo geschl.* | *Gorey Pier* | *Tel. 01534 611118* | €€

CAFÉ POSTE (135 F5) (*Ø J13*)
Lokaler Steinbutt, Hummer, Beef und Halloumikäse aus Zypern: Weit gefächert, damit typisch und sehr beliebt ist die Karte bei all jenen Insulanern, die gern unprätentiös, aber sehr gut essen möchten. Das alte Bahngebäude verströmt intime Atmosphäre, die durch Kerzenlicht einen romantischen Zug erhält. *Mo/Di geschl.* | *Rue de la Ville ès Renauds* | *Tel. 01534 85 96 96* | €€

SUMA'S (135 F4) (*Ø J13*)
Kleines, süßes *seaside cottage* ohne Schnickschnack mit erlesener Küche und 80 Weinen. Man darf in Jeans kommen. Der beste Lunchtipp auf dieser Seite der Insel. Reservieren! *So-Abend geschl.* | *Gorey Hill* | *Tel. 01534 85 32 91* | *sumasres taurant.com* | €€–€€€

FREIZEIT & SPORT

GOLF (135 F5) (*Ø J13*)
Royal Jersey Golf Club: 18 Löcher, Par 70, nur mit Handicapnachweis. *Tel. 01534 85 44 16* | *www.royaljersey.com*

WASSERSPORT (135 F4) (*Ø J13*)
Im *Gorey Watersports Centre (Tel. 01534 75 16 20)* können Sie Kajaks und Wave-

boards ausleihen oder Speedbootausflüge buchen. *www.goreywatersports.com*

STRÄNDE

ROYAL BAY OF GROUVILLE
(135 F4–6) (*ɯ J13–14*)
Große, weit geschwungene Sandbucht zum Baden. Parkplätze gibt es bei La Rocque und Gorey, Toiletten ebenfalls.

ST. CATHERINE'S BAY
(135 F3–4) (*ɯ J12*)
Die verschwiegenen Buchten von Anne Port und Havre de Fer sind auch bei den Jerseyanern **INSIDER TIPP** erste Wahl fürs Strandpicknick. Beide haben Toiletten.

INSIDER TIPP **BEUVELANDE CAMPING SITE** (135 E4) (*ɯ H12*)
Der bestausgestattete Campingplatz Jerseys. Wohnzelte, Caravans, Pool, Restaurant und ein Laden gehören zur Anlage. *La Rue de Beuvelande | St. Martin | Tel. 01534 85 35 75 | www.campingjersey.com*

THE MOORINGS HOTEL
(135 F4) (*ɯ J13*)
Unterhalb des Mont Orgueil Castle direkt am Hafen. Man wohnt recht bequem mit Blick auf die Flotte der Boote im charmanten Hotel am Puls der Action im geschäftigen kleinen Hafenrund. *15 Zi. | Gorey Pier | Tel. 01534 85 36 33 | www. themooringshotel.com | €€€*

Immer der Nase nach: Bei Jersey Lavender können Sie das ganz wörtlich nehmen

ÜBERNACHTEN

BEAUSITE HOTEL (135 F5) (*ɯ J13*)
Angenehmes Mittelklassehotel in schöner Lage beim Royal Jersey Golf Club. Kinder sind ausdrücklich willkommen. *76 Zi. | Grouville Bay | Tel. 01534 85 75 77 | www.beausitejersey.com | €€*

OLD COURT HOUSE HOTEL
(135 F4) (*ɯ J13*)
Weitläufiges Haus und Grundstück mit Pool in Gorey Village. Die Mischung aus historischem Charme und etwas plüschigem Interieur ist eher gemütlich als aufdringlich. Einfach über die Straße gehen und schon ist man am Strand von Gorey

etwas außerhalb des Hafens. *58 Zi. | Beach Road | Tel. 01534 85 44 44 | www. ochhoteljersey.com | €€€*

DER SÜDEN

Jerseys touristische Schokoladenseite wird von großen Sandstränden zwischen dem kosmopolitischen St. Helier, St. Aubin und St. Brelade gesäumt.

Der Auslauf ist im Süden flach – die Insel gewinnt und verliert hier täglich etwa ein Drittel an Fläche. Entsprechend weit ist dann der Weg zum Wasser. Zwischen dem schnuckeligen St. Aubin und dem fast schon großstädtischen St. Helier dehnt sich die St. Aubin's Bay. Die Küstenstraße erlebt zweimal am Tag eine Rushhour, der Sie entspannt entgehen, wenn Sie den Radweg an der Promenade nutzen. Segeln, Wasserski und Windsurfen sind die Hauptaktivitäten. In der schönen St. Brelade's Bay stehen einige größere Hotels, aber ein Spaziergang entlang der von Pensionen, Cafés und Läden gespickten Ufermauer hinüber in die Ouaisné Bay erinnert an verwinkelte Inselchen, wie man sie aus der Ägäis kennt. Im Hinterland liegen das idyllische Tal von St. Peter, das Waterworks Valley und die Gemeindezentren von St. Peter und St. Lawrence.

SEHENSWERTES

HAMPTONNE COUNTRY LIFE MUSEUM
(134 B3) *(ⓜ E11)*

Der Ausflug von Millbrook an der St. Aubin's Bay durch das von Bäumen gesäumte und mit drei kleinen Stauseen bestückte Waterworks Valley führt zu dem im Inselzentrum liegenden Museumsbauernhof. Kostümierte Darsteller geben Ihnen einen persönlichen Einblick ins Leben auf einem Gehöft im Inselinneren – ohne Disneytouch! Alles ist komplett: Ställe, turmartiger Taubenschlag, Garten, Jerseyrinder, Obsthain und Apfelpresse, mit der man den Hofcidre produzierte. Diese Tradition lebt am dritten Oktoberwochenende als Cidrefest wieder auf. Den INSIDERTIPP herben, bäuerlichen Apfelwein lässt man Sie gern probieren, manchmal wird auch ein Fläschchen für unterwegs abgefüllt. Der Hof zählt außerdem zu den tollen Selbstversorger-Nachtquartieren von Jersey Heritage *(www.jerseyheritage.org):* Sie wohnen komfortabel – und werden früh vom Hahn geweckt. *Juni–Mitte Sept. tgl. 10–17 Uhr | 8,25 £ | short.travel/kai1*

JERSEY LAVENDER ● (133 F4) *(ⓜ C13)*
Leichter Sandboden und Mut zum Risiko haben Anfang der 1980er-Jahre den Anbau von englischem Lavendel ermöglicht. Heute dreht sich auf der Familienfarm alles um den besonderen Duft und Geschmack. Geerntet wird von Juni bis August. Man kann die Destillation von Lavendel und anderen Ölen erleben und danach im Shop alle erdenklichen Produkte kaufen – ein echtes Jerseymitbringsel. Außerdem werden Lavendelsekt und mit Lavendel gewürzte Speisen serviert. Neben den Blütenfeldern schließt sich ein kleiner Landschaftsgarten mit exotischen Bäumen an. *Mitte April–Mitte Sept. Di–So 10–17 Uhr | 3 £, Juni–Aug. 5,50 £ | Rue du Pont Marquet | St. Brelade | www.jerseylavender.co.uk*

JERSEY WAR TUNNELS ●
(134 B4) *(ⓜ E12)*

Den unterirdischen Tunnelkomplex östlich des attraktiven St. Peter's Valley ließ Hitlers Autobahnbauer Fritz Todt von osteuropäischen Zwangsarbeitern in den Fels treiben. Heute versucht man mit O-Ton den Horror nachzustellen. Nach der preisgekrönten Umgestaltung gelingt das überzeugend. Beim Gang durch die

Felsröhren kann man mit Passkopien von damals betroffenen Insulanern deren Schicksal nachforschen. Ein Shop und ein Café gehören zum Komplex. *März–Okt. tgl. 10–18, Nov. 10–16 Uhr | 12 £ | Les Charrières de Malorey | St. Lawrence | www.jerseywartunnels.com*

JERSEY'S LIVING LEGEND VILLAGE

(134 A3) (*Ⓜ D12*)

Ordentlich Hype um Jerseys Historie *(7,50 £)*, professionell gemacht. Dazu gesellen sich Kartrennen *(10 £)*, Abenteuergolf *(6,50 £)* und ein Shopping-Village. *April–Okt. tgl. 9–17 Uhr | Rue du Petit l'Aleval | St. Peter | www.jerseyslivinglegend.co.je*

LE MOULIN DE QUETIVEL

(134 A4) (*Ⓜ D12*)

Der Ausflug durchs bezaubernde St. Peter's Valley führt zu dieser funktionstüchtigen Wassermühle aus dem 14. Jh. Die angeschlossene Ausstellung informiert anschaulich über die alte Technik und Landwirtschaft Jerseys. *Mitte Mai–Mitte Sept. Sa 10–16 Uhr | 3 £*

NOIRMONT POINT ☼

(134 A6) (*Ⓜ D15*)

Die Hochebene der Halbinsel Noirmont südlich von St. Aubin bietet herrliche Ausblicke und Fußwege zu zwei Buchten, der Belcroute Bay und der Ouaisné Bay. Auf der Höhe bietet sich ein kurzer Blick auf die als Denkmal belassenen deutschen Bunker und Geschützstellungen an. Von hier aus schweift der Blick hinunter in die über Treppen zu erreichende kleine Portelet Bay. Von den Bunkern, an deren Fassaden Abseiling angeboten wird, empfiehlt sich der Weg zum besonders vogelreichen Grüngebiet Portelet Common. Zwischen die Hochebene und die Portelet Bay zwängt sich das *Old Portelet Inn (tgl. | Tel. 01534 74 18 99 | €)*, das zu einer Rast mit Cidre und einem Teller hausgemachter Suppe verlockt.

ST. AUBIN'S FORT ☼

(134 A5) (*Ⓜ D13–14*)

Wer in St. Aubin seewärts wohnt, hat jeden Morgen dieses Befestigungskleinod aus dem 16. Jh. vor Augen. Irgendwann sollten Sie einmal die Ebbe abpassen und die 500 m hinüberschlendern – weil Sie einen ganz neuen Standpunkt gewinnen.

ST. BRELADE'S PARISH CHURCH AND FISHERMEN'S CHAPEL ★

(133 F5) (*Ⓜ C13–14*)

Einer der magischen Inselplätze: Kapelle und Friedhof bilden ein wunderbares Ensemble, das wie ein fest verankerter Hort granitener Ruhe über dem bewegten Treiben von Beachvolleyballspielern und Channelgezeiten tront. Der rau belassene Granit des Kirchleins wird von den bunten Fenstern des einheimischen Künstlers H. T. Bosdet geadelt. Direkt neben der Kirche steht die kleine Kapelle, die wohl kurz vor der Kirche einschiffig errichtet wurde. Die Fresken im Tonnengewölbe stammen aus dem 13./14. Jh.

ESSEN & TRINKEN

THE BOAT HOUSE (134 A5) (*Ⓜ D13*)

Modernstes, lebendigstes Restaurant am gemütlichen Hafen. Brasseriestil unten, enge Tischreihen oben, Meerblick und gute Meeresküche. *Tgl. | One North Quai | St. Aubin's Harbour | Tel. 01534 74 42 26 | €€*

MARK JORDAN AT THE BEACH ◉

(134 B4) (*Ⓜ E13*)

Das romantisch-lässige Beachbistro ist der Fine-Dining-Strandschuppen von Mark Jordan, der seit Jahren einen Michelinstern im Restaurant Ocean bekommt. Mitten in der St. Aubin's Bay halten Service und superleckere Kochkunst die Poleposition im kulinarischen Jersey. Wein und Mahlzeiten sind für ihre Qualität nicht überteuert. Mark liebt Jersey und seine Produkte, weshalb etwa 90 Prozent seiner Zutaten von der Insel sind, und davon so viel wie möglich aus naturschonendem Anbau. *Tgl. | La Route de la Haule | Tel. 01534 78 01 80 | www.markjordanatthebeach.com | €€*

OLD COURTHOUSE INN
(134 A5) *(⊞ D13)*

St. Aubins gediegenstes Restaurant. Auf mehreren Ebenen thront man direkt über dem Hafen und fühlt sich doch wie im Bauch eines Schiffs. Alles pendelt hier zwischen rustikal und edel: Service, Ambiente und die (internationale) Küche. *Tgl. | Tel. 01534 74 64 33 | www.oldcourthousejersey.com | €€*

OLD SMUGGLER'S INN
(133 F5–6) *(⊞ C14)*

Mauerteile standen schon im 13. Jh., also längst eine Institution unter den Anwohnern. Man trinkt sein Bier am Kamin oder lässt sich unter niedrigen Balken vor großen Portionen *pubfood* nieder. *Tgl. | Ouaisné Bay | Tel. 01534 74 15 10 | www.oldsmugglersinn.com | €*

OYSTER BOX **(133 F5)** *(⊞ C13)*

Die beliebte „Austernkiste" an der Strandpromenade bringt die besten *local products* auf die zahlreichen Tische: Austern, handgeerntete Jakobsmuscheln und von den wenigen verbliebenen Fischern gefangener Fisch. Entspannte Beachatmosphäre. *Tgl. | La Route de la Baie | St. Brelade | Tel. 01534 74 33 11 | €*

STRÄNDE

BEAUPORT ☘ **(133 E5)** *(⊞ C14)*

Der Parkplatz über der Bay sollte „Zur schönen Aussicht" heißen. Und der Name der Bucht („schöner Hafen") hält, was er verspricht. Romantiker bleiben oben und schauen, Piraten lockt der längere Abstieg, weil sie unten vielleicht auf einheimische Yachties treffen, die gern zum Lunch hierher segeln.

OUAISNÉ BAY **(133 F5)** *(⊞ C14)*

Nur bei Niedrigwasser können Sie vom Sandstrand der Ouaisné Bay zum St. Brelade's Beach laufen – die Gezeiten trennen die Badebuchten für sechs Stunden. Aber auch der ☘ Verbindungspfad über die Klippen ist toll und eröffnet eine mediterran anmutende Aussicht. Noch weiter fliegt der Blick vom hoch gelegenen Heidegebiet ☘ Portelet Common.

Stimmungsvoll: die schlichte Schönheit von St. Brelade's Parish Church

Ein Türmchen auf einem Inselchen in einem Buchtchen: Portelet Bay

Die Wanderung beginnt am Parkplatz der Bay. Oben zwitschert die Provencegrasmücke *(Dartford warbler)*.

PORTELET BAY (134 A6) (*M D14*)

Kleine, idyllische Bucht mit einer Insel und einem Turm östlich von Ouaisné Bay am Fuß des Noirmont Point. Ein sehr steiler Fußweg führt hinunter. Bei Ebbe kann man zum Turm laufen. Romantisch!

ST. AUBIN'S BAY
(134 A–C 4–5) (*M D–F13*)

Gut 5 km lang erstreckt sich der bei Ebbe breiteste Sandstrand der Insel zwischen St. Aubin und St. Helier. Er ist Jerseys Wassersportzentrum, aber man kann auch einfach nur der verkehrsreichen Uferstraße entfliehen und von einem Ort zum anderen laufen oder radeln.

ST. BRELADE'S BAY (133 F5) (*M C14*)

Herrlicher Badestrand in der populärsten Bucht von Jersey. Der Strand fällt flach ab und das Wasser erwärmt sich schnell. Man kann Windschutz, Liegen und Sonnenschirme mieten.

AM ABEND

Die Nightlifeatmosphäre im kleinen Hafen von St. Aubin ist bodenständiger als die der City St. Helier. Im Pub *Tenby Bars* findet man sogar ein paar ruhige Ecken, wo es sich z. B. in Victor Hugos Kanalinselepos „Das Teufelsschiff" schmökern lässt. Ein halbes Dutzend gemütlicher Restaurants reiht sich aneinander und lädt zum gemütlichen Mahl und nachträglichen Verdauungsspaziergang mit Blick auf Boote und Nachteulen. In der Nebensaison kommt man hier leicht ins Gespräch mit Einheimischen und, wer weiß, vielleicht wird man dann zum gemeinsamen Austernsuchen am Wochenende eingeladen. Im teureren Ambiente der St. Brelade's Bay feiert man nach Sonnenuntergang in den Hotels.

ÜBERNACHTEN

INSIDER TIPP ▶ BIARRITZ HOTEL
(133 F5) (*M C13*)

Das christliche Dreisternehotel (kein Alkoholausschank, Gebetsmeditation jeden Morgen) ist bei Jerseybesuchern wegen seiner Lage hoch über dem Strand von St. Brelade's Bay, seiner entspannenden Aura und seines guten Service außerordentlich beliebt. Gemütliche, nicht zu kleine Zimmer. Eine Treppe führt hinunter zu einem der prächtigsten Strände der Insel. Sonntagsbuffet mit abschließendem Gesangstreff (optional natürlich). *46 Zi. | Le Mont Sohier | St. Brelade's Bay | Tel. 01534 74 22 39 | www.biarritzhotel.co.uk | €€*

HARBOUR VIEW (134 A5) *(D13)*
Sehr gemütliches, kleines Gästehaus direkt am schönsten Hafen der Insel. 300 Jahre altes Haus, 14 modern eingerichtete Zimmer und das nette, kleine Restaurant *Danny's (tgl. | €). Le Boulevard | St. Aubin's Harbour | Tel. 01534 74 15 85 | www.harbourviewjersey.com | €€*

INSIDER TIPP JERSEY YURT HOLIDAYS (134 A5) *(D13)*
Die Idee, stabile mongolische Rundzelte als Unterkunft zu bauen, kam dem Lehrerehepaar Cath und Andy auf Reisen. Drei Jurten stehen hoch überm Hafen von St. Aubin und garantieren grandiose Aussicht auf Bucht, Fort und Gezeiten sowie komfortables, geräumiges Camping de luxe auf steilen Gartenterrassen. Einzigartig, romantisch und ökologisch sinnvoll. Kochgelegenheit, Holzofen (wintertauglich!), separates Duschhaus, Grill und ein beheizbarer Outdoor-Badezuber gehören dazu. Kindertipi auf Wunsch. *Clifden | St. Aubin | Tel. 01534 74 13 50 | www.jerseyyurtholidays.com | €*

SOMERVILLE HOTEL
(134 A5) *(D13)*
Wie ein schneeweißes Schloss steht das Hotel über St. Aubin, dem buntesten Hafenrund von Jersey. Panoramablick bis St. Helier. Zu den Restaurants sind es zwei Fußminuten. Großzügige Lounge, Pool, Palmen, Gartenblick beim Frühstück, freier Bustransfer nach St. Brelade's und St. Helier. *59 Zi. | Mont du Boulevard | St. Aubin | Tel. 01534 49 19 00 | www.dolanhotels.com | €€–€€€*

THE VILLA D'ORO (134 B3) *(E12)*
Wer gern die Nachtruhe im verträumten Inselinnern genießen möchte, ist in diesem charmanten B & B bestens aufgehoben. Das typische weiße Jerseyhaus hat einen ummauerten Garten, das Frühstück wird im Gartenzimmer serviert und besteht aus köstlichen lokalen Zutaten, von denen viele ökologisch hergestellt sind. Die Zimmer sind modern, wenn auch wegen der typisch kleinen Fenster nicht sehr hell. *14 Zi. | La Grande Route de Saint-Laurent | St. Lawrence | Tel. 01534 86 22 62 | www.villadorojersey.com | €*

ST. HELIER

KARTE IM HINTEREN UMSCHLAG
(134 C5) *(F13–14)* **Die Hauptstadt mit ihren 28 000 Ew. zeigt sich durch die modernisierte Hafenfront mit einem frischen Gesicht.**

St. Helier hat alles, was eine Stadt ausmacht. Seine aus der Geschichte erwachsene Potenz demonstriert das wuchtige Elizabeth Castle vor der Hafeneinfahrt. Dazu liegt St. Helier herrlich in eine großzügige Sandbucht eingebettet. Ein wuchtiger Felsen begrenzt die City und erzwang einen Straßentunnel. Oben auf dem Berg entstand 1966 in den Mauern des alten Fort Regent eine große Freizeit- und Entertainmentanlage, die der Stadt eine optische Wunde zufügte.
Überzeugender wirkt St. Helier am Hafen, wo man dem von starken Gezeiten geprägten Meer immer wieder neue Areale abringt – sei es, um neue Liegeplätze für

Yachten zu schaffen oder um die Stadt selbst weiter ins Meer hinauszuschieben, wie mit der großzügig neu bebauten Waterfront geschehen.

Besuchern entgeht nicht, dass diese Stadt ein Glückskind ist, begünstigt vom Golfstromklima und der lange Zeit so prekären strategischen Zankapfellage zwischen England und Frankreich, die sich letztendlich zu einem Vorteil entwickelt hat. In St. Helier wird der Jerseyaner aus seiner britischen Reserve gelockt; allerdings mit der Hilfe des in Strömen in das Steuerparadies Jersey fließenden Geldes. Die Präsenz zahlreicher Banker belegt dies im Straßenbild.

SEHENSWERTES

BERESFORD FISH MARKET
(U C4) (𝄞 c4)
Viel kleiner als der Central Market, aber dafür in älterer Halle und mit dem spannenderen Warenangebot lockt der Fischmarkt. Frische Meerestiere in jeder Form

und Größe sind ein manchmal bizarrer, jedenfalls aber faszinierender Augenschmaus. *Mo–Mi, Fr, Sa 7.30–17.30, Do 7.30–14 Uhr | Beresford Street*

CENTRAL MARKET (U C4) (𝄞 c4)
Die Viktorianer bauten nicht nur Burgen, sondern auch diese schöne Markthalle mit Glasdach, griechischen Säulen und eisernen Streben. Aus dem typischen Marktangebot sticht ein Blumenstand hervor, von dem Sie jemand Liebes mit einem floralen Gruß bedenken können. *Mo–Mi, Fr, Sa 7.30–17.30, Do 7.30–14 Uhr | Halkett Place*

ELIZABETH CASTLE (134 C5) (𝄞 F14)
Die imposante Festung liegt einen knappen Kilometer außerhalb des Hafens auf einer Felseninsel im Meer. Im ausgehenden 16. Jh. als Ersatz für das unzureichende Gorey Castle errichtet, diente es dem Schutz vor Angreifern von See. Während des englischen Bürgerkriegs mussten sich die Royalisten, insbesondere die Fa-

WOHNEN IN FORTS UND TÜRMEN

Exklusives, romantisches Übernachten in sehr unterschiedlichen historischen Gebäuden für Selbstversorger: ein Tipp für Paare oder Freundeskreise von zwei bis zehn Personen. Derzeit locken gut zwei Dutzend außergewöhnliche Orte, von der Schlafsackherberge ohne Toilette und Wasser *(L'Archirondel Tower)* bis zum kompletten Apartment. Eine Auswahl: *Barge Aground,* ein Holiday-Cottage in Bootsform aus den 1930er-Jahren im Art-déco-Stil an der St. Ouen's Bay; ● *Corbière Radio Tower,* ein unter deutscher Besatzung entstandener Funkturm aus Beton beim Leuchtturm

mit 360-Grad-Überblick vom ☙ Wohnzimmer; im *Elizabeth Castle Apartment* residieren Sie im Schloss auf dem Inselchen vor St. Helier; *Fort Leicester* ist eine einsame Küstenfestung mit Rittersaal in Bouley Bay. Einfachst bestückt (kein Wasser!), aber dramatisch im Meer liegen die Befestigungstürme *Seymour Tower* (Royal Bay of Grouville) und *La Rocco Tower* (St. Ouen's Bay) – ein Wattführer ist Pflicht. Die Preise variieren stark: von 280 Euro *(10 Pers./2 Nächte)* in Archirondel bis 2200 Euro *(6 Pers./ 1 Woche)* im Hamptonne Country Life Museum. *www.jerseyheritage.org/holiday*

milie de Carteret, gegen die Parlamentarier in der Burg verschanzen. Das harte Soldatenleben auf dem Felsen wurde über die Jahrhunderte durch Modernisierung und Anschluss an die Wasserversorgung erleichtert. Es starben wohl etliche

modernen Museums. Kunst, Geschichte, Soziales und Surreales werden gezeigt, die alte Inselsprache Jèrriais kommt zu Gehör. *April–Okt. tgl. 10–17, Nov./Dez. 10–16, März Mo–Sa 9–17 Uhr | 9,45 £ | The Weighbridge | www.jerseyheritage.org*

Elizabeth Castle: Auf einer Felsinsel liegt St. Heliers imposanter Vorposten im Meer

Soldaten, die – nüchtern oder betrunken – zwischen Stadt und Burg pendelten. Im späten 19. Jh. wurde deshalb ein befestigter Übergang geschaffen. Besucher benutzen bei Ebbe diesen 750 m langen *causeway* oder lassen sich in *puddle ducks* genannten Booten übersetzen. Das Kleinod der Anlage ist die Hermitage-Kapelle, die Sie über einen zweiten *causeway* erreichen. Hier soll im 6. Jh. der Mönch St. Helier gehaust haben. *Mitte März–Okt. tgl. 10–17.30 Uhr | 10,70 £, mit Fähre 13,25 £ | www.jerseyheritage.org*

JERSEY MUSEUM & ART GALLERY
(U B4) *(⌂ b4)*

Wie reich Jerseys Geschichte ist, zeigen die drei Etagen des ausgezeichneten,

MARITIME MUSEUM ⭐
(U B5) *(⌂ b5)*

Wenn Sie nur ein Museum in St. Helier besuchen mögen, dann bitte dieses! Mal spielerisch-klamaukig, mal wissenschaftlich wird der Blick für alles rund um Ozean, Boote, Seeleute und Fischer geschärft – ein besonderer Spaß mit Kindern. Im selben Gebäude ist die *Occupation Tapestry Gallery* untergebracht. Auf zwölf gemeinschaftlich handgeknüpften, neuen Wandteppichen zeigen die zwölf Inselgemeinden die Zeit der deutschen Besetzung – im Geist des berühmten Wandteppichs von Bayeux. Fotos dienten als Vorlage und wurden so naturalistisch umgesetzt, dass manch ein Besatzungsveteran sich wiedererkannte. *April–Okt.*

tgl. 10–17, Nov.–März So 10–16 Uhr | 9,30 £ | New North Quay | www.jersey heritage.org

Pullover, Pralinen, Perlenschmuck: Jerseys Shoppingmetropölchen St. Helier

ESSEN & TRINKEN

BOHEMIA (U C5) (🗺 c5)

Der Gourmettip in St. Helier – das Bohemia ist eines der drei michelinbesternten Restaurants der Insel. Wer Steve Smith beim Kochen zusehen möchte, bucht den *Chef's Table* in der Küche. Das Restaurant gehört zum Tophotel *The Club Hotel & Spa. Tgl.* | *Green Street* | *Tel. 01534 87 65 00* | *www.bohemiajersey.com* | *€€€*

GREEN OLIVE (U A–B4) (🗺 a–b4)

Ausgezeichnetes, kleines Restaurant mit vegetarischem Schwerpunkt, Fusionkü-

che und preiswerten Weinen. *So/Mo und Sa-Mittag geschl.* | *1 Anley Street* | *Tel. 01534 72 81 98* | *www.greenoliverestau rant.co.uk* | *€–€€*

LONGUEVILLE MANOR ★ ● ●
(135 D5) (🗺 G13–14)

Machen Sie vor dem Speisen noch einen appetitanregenden Gang durch den riesigen Gemüsegarten des noblen Herrenhauses aus dem 14. Jh! Denn aus dem kommen viele der Köstlichkeiten, die die brillante Landhausküche im romantischschweren Ambiente serviert. Küchenchef Andrew Baird gehen ökologisches Wirtschaften und der Kontakt zu lokalen Produzenten über alles. *Tgl.* | *Longueville Road* | *St. Saviour* | *Tel. 01534 72 55 01* | *www.longuevillemanor.com* | *€€€*

MERCHANT HOUSE BRASSERIE
(U B4) (🗺 b4)

Das ehemalige Museumsrestaurant hat sich zu einer ernst zu nehmenden Citybrasserie mit Schwerpunkt auf herzhaften Speisen gemausert. Frische Zutaten, knackige britische Küche, guter Service und ein schöner begrünter Innenhof machen das Lokal zur beliebten Ausgehadresse mitten im geschäftigen St. Helier. *Tgl.* | *The Weighbridge* | *Tel. 01534 51 00 69* | *€€*

ROSEVILLE BISTRO (U C6) (🗺 c6)

Einfach und beliebt – kaum zu schlagen für seine erschwinglichen Fischgerichte. Fast am Wasser und bis Mitternacht geöffnet. *Tgl.* | *86 Roseville Street* | *Tel. 01534 87 42 59* | *€–€€*

THAI DICQ SHACK
(135 D5) (🗺 G14)

Jerseys heißester Sunset! Es gibt Jerseyaner, die schwören, hier gebe es das beste Essen auf der Insel. Ein simpler Schuppen direkt am Meer – scharfes Thaipicknick im Ärmelkanal! Hauptsache, man hat sich vorher ein Fläschchen Wein im Supermarkt besorgt. *Tgl. | Dicq Slipway | Tel. 01534 73 02 73 | €*

EINKAUFEN

KING STREET (U B4) (*M b4*)

Auf der King Street sind zwar die Fassaden alt und gemütlich, aber bei den oft exquisiten Auslagen kann dennoch Shoppingstress aufkommen. Damenschuhe wie untragbare Skulpturen, alle Düfte dieser Welt, ein Geschäft voller Seifen, lüstern lockende Juwelierauslagen und die Schöpfungen der Modezaren: Alles ist zu kaufen, als befinde man sich nicht auf einer kleinen Insel, sondern irgendwo in einer boomenden Shoppingmetropole.

LIBERTY WHARF (U B4) (*M b4*)

Zwischen dem Hafenbassin und dem Busbahnhof liegt zentral die einzige überdachte Mall Jerseys, die auf einem im Hafen aufgeschütteten Gelände für 400 Mio. Euro gebaut wurde. Sie bringt einen Hauch von Großstadtshopping nach St. Helier. Cafés, das Kaufhaus Marks & Spencer, Boutiquen und das blitzmoderne *Quayside Bistro* (€€) sind in einem gelungenen Mix aus alter und moderner Architektur untergebracht.

FREIZEIT & SPORT

AYUSH SPA ● (U C2) (*M c2*)

Ayurvedische Behandlungen und Meditation im schönen Spa des Hotel de France. Heiße Steine, Kopfmassage, Gesichtsbehandlung, Gentleman's Energy Boost: Dieses erste Spa seiner Art in Großbritannien bietet die gesamte indische Palette. *Ab 50 Euro | St.Saviour's Road | Tel. 01534 61 41 71 | www.ayush wellnessspa.com*

WATTWANDERN ●

Fällt Jerseys Ostküste bei besonders starkem Gezeitenunterschied mehrere Kilometer ins Meer hinein trocken, sind die gut 2 km vor der Küste in der Royal Bay of Grouville liegenden, alten Wehrtürme *Icho* und *Seymour Tower* zu Fuß erreichbar. Die dreistündigen, geführten Wanderungen bieten tolle Aussichten auf die Küste, noch interessanter sind jedoch die Einblicke in Fauna und Flora von Jerseys Ramsar-Schutzbereich. Ein ganz besonderer Tipp: Mit Watt- oder Kajakguide die einfache **INSIDER TIPP** Übernachtungsmöglichkeit im meerumspülten Seymour Tower nutzen (siehe Kasten S. 52) – frühzeitig buchen! *Mai–Dez. 3- bis 4-mal/ Monat, auch nachts | 15–19 £ | www.jer seywalkadventures.co.uk*

STRAND

GREEN ISLAND (135 D6) (*M G15*)

Bei Flut ist der südlichste Sandstrand Jerseys ein Juwel zum Baden, was besonders die Einheimischen schätzen. Fahren (Buslinie 1) oder radeln Sie etwa 3,5 km vom Hafen südostwärts auf der Küstenstraße, bis Sie ein kleines Schild auf den Parkplatz hinweisen sehen. Hinterher können Sie sich im *Green Island Restaurant (tgl. | Tel. 01534 85 77 87 | greenis land.je | €€)* stärken und von der Terrasse dem sich weit zurückziehenden Meer nachblicken.

AM ABEND

Für das Nachtleben in St. Helier sollte Mann wenigstens ein gutes Hemd einpacken, denn freitags und samstags sieht man in der City ganz gern Kragen. Das gilt für Nachtclubs, in denen das Treiben sich meist zwischen 22 und 2.30 Uhr entfaltet. Vorher holt man sich in einem der zahlreichen Pubs den nötigen Swing, et-

Für Nachschub ist gesorgt: In St. Heliers Pubs bleibt niemand durstig

wa in *Bellini's Jazz Bar* in der *Broad Street* (Mo–Sa Livejazz). Livemusik ist zumindest am Wochenende fast überall Trumpf. Das gilt an jedem Abend für das *Chambers* in der *Mulcaster Street,* das Pubatmosphäre mit einer Liveband im Hinterzimmer verbindet. Für den Trend zu teuer eingerichteten Pubs und Bars steht in der gleichen Straße das *Tanguy's,* wo angesagte DJs aus England und vom Kontinent für den zupackenden Groove sorgen. Loungiger und femininer ist die *Mimosa Bar* im Liberty Wharf Center. Hier beginnt das Weekend am Mittwoch mit Cocktails. Das moderne, neue Hafenviertel ist schon einen bloßen Abendspaziergang wert.

ÜBERNACHTEN

HAMPSHIRE HOTEL (U C2) (*m c2*)
Gutes Mittelklassehotel mit beheiztem Pool. Modern renovierter Kolonialstil

wenige Gehminuten vom Zentrum. *42 Zi. | 53 Val Plaisant | Tel. 01534 72 41 15 | www.hampshirehotel.je | €€*

THE INN JERSEY (U B2) (*m b2*)
Das für seine Qualität und beständig guten Service prämierte Boutiquehotel bietet moderne Räumlichkeiten, ein gutes Restaurant, genügend Parkmöglichkeiten und gute Zimmer für einen recht geringen Preis. Freitags werden zu Livemusik gratis Tapas serviert. *36 Zi. | Queens Road | Tel. 01534 72 22 39 | www.theinnjersey.com | €€*

RUNNYMEDE COURT HOTEL
(U C5) (*m c5*)
Unter den pittoresken Spitzgiebeln des Zweisternehotels wohnt man angenehm und frisch. Zu den portugiesischen Fischrestaurants des Viertels Havre des Pas und dem Gezeitenpool sind es drei Gehminuten. *57 Zi. | 46–52 Roseville Street |*

Tel. 01534 72 00 44 | www.runnymedejersey.com | €

VISIT JERSEY (U B4) (*🗺 b4*)
Liberation Place | Tel. 01534 44 88 00 77 | www.jersey.com

ERIC YOUNG ORCHID FOUNDATION
(135 D3) (*🗺 G12*)
In einem großen Gewächshaus wuchern die Orchideen des verstorbenen Sammlers und Wissenschaftlers Eric Young. Einige sind nach ihm benannt. Von der A 8 der Beschilderung folgen. *Mi–Sa 10–16 Uhr | 4,50 Euro | www.ericyoungorchidfoundation.co.uk*

LA HOUGUE BIE ★ (135 E4) (*🗺 H13*)
Man zieht den Kopf ein und begibt sich ins älteste bis heute erhaltene Inselbauwerk, ein von etwa 3000 v. Chr. stammendes *Ganggrab (Mitte März–Okt. tgl. 10–17 Uhr | 8,25 £ | www.jerseyheritage.org)*. Dazu muss man im Innern eines etwa 15 m hohen Hügels, der sich über der Anlage türmt, verschwinden. Das Megalithgrab besteht aus ungefähr 70 Steinen, die einen 10 m langen Gang und einen großen Raum umschließen.
Das angeschlossene *Museum* zeigt den 2012 ausgegrabenen **INSIDER TIPP** Münzfund der Kelten (50 v. Chr.), der insgesamt 70 000 Stücke umfasst, und in einem ehemaligen deutschen Bunker hat man ein Denkmal für Zwangsarbeiter eingerichtet. Das Kirchlein auf dem Hügel beherbergt die *Notre Dame de la Clarté* aus dem 12. und die *Jerusalem Chapel* aus dem 16. Jh.

SAMARÈS MANOR AND GARDENS
(131 D5–6) (*🗺 G14*)
Ein Muss für alle Kräuterhexen und ein bei Familien beliebtes Ziel wegen der Reit- und Weidetiere. Außer dem Kräutergarten gibts am Herrenhaus noch einen japanischen und einen Wassergarten. Jerseys bekannter mannshoher Kohl *(long jack cabbage)* wird hier zu **INSIDER TIPP** traditionellen Wanderstäben verarbeitet. Außerdem werden Führungen durch das Herrenhaus angeboten. *April–Mitte Okt. tgl. 9.30–17 Uhr | 8,35 £, mit Hausführung 12,35 £ | www.samaresmanor.com*

TÄGLICHES KÜSTENPICKNICK

Bei 75 km Küstenlinie finden sich viele Stellen zum Schauen und Schmausen. Zutaten vom Frühstückstisch eingepackt oder *en route* gekauft gehören in Fahrradtasche oder Rucksack. Die alten Küstentürme entlang der Royal Bay of Grouville warten oft mit Kiosken auf. In der Fliquet Bay ganz im Nordosten bieten sich das lange St. Catherine's Breakwater oder das Kap La Coupe Point an. Bei L'Étacq im Nordwesten serviert Faulkner Fisheries tagsüber Austern pur (1 £) und gegrillt (1,50 £) an. Auf dem Felsen zwischen den Sandbuchten Ouaisné Bay und St. Brelade's Bay wartet eine ⚘ Aussichtsbank. Panorama beim Schmaus bieten auch die Hochebenen ⚘ Portelet Common und ⚘ Noirmont Point beidseits der Portelet Bay. Und köstlich ist die Fischküche im Cabin Café gut 1 km östlich von St. Aubin.

GUERNSEY

Ist der Himmel kristallklar und die Wolkenpracht wie frisch gewaschen, reicht der Blick von Guernsey bis zur rund 45 km entfernten Normandie.

Die Nähe zur Grande Nation und die Zugehörigkeit zur britischen Krone machen eleganten Charme und politische Besonderheit der mit 65 km² zweitgrößten Kanalinsel aus. Atmosphärisch mutet Guernsey einen Hauch französischer an, auch wenn man die Hauptorte St. Peter Port und St. Helier vergleicht. Landschaftlich wirkt Guernsey sanfter, kleinteiliger als Jersey. Im Heckenlabyrinth des Inselinneren haben Radler Vorfahrt auf den *ruettes tranquilles.*

Wie Jersey ist auch Guernsey ein Bailiwick, eine königliche Vogtei außerhalb Großbritanniens und der EU. In verschiedenen politischen Abstufungen gehören zu Guernsey auch Herm, Sark und Alderney, lohnende Ausflugsziele mit Fähre oder Flugzeug (Alderney). Guernsey und seine Schwesterinseln haben immer schon britische Prominenz bezirzt. Millionäre erwerben gern versteckte Villen.

Die Menschen sind wohlhabend, Arbeitslosigkeit ist kaum ein Thema auf Guernsey. Von den 65 000 Ew. sind allenfalls wenige Hundert ohne Job. Die Kriminalitätsrate bewegt sich ebenfalls nahe am Nullpunkt – ahndenswerte Delikte sind allenfalls zu schnelles oder alkoholisiertes Autofahren.

Solche Idylle lockt zu dauerhafter Residenz, doch unliebsame Zuwanderer werden von den extrem hohen Immobilienpreisen abgehalten. Es gibt einen *open*

Savoir-vivre und britischer Spleen: puderfeine Sandstrände, dramatische Klippen und Cottages wie aus einem Agatha-Christie-Film

market, auf dem ein bescheidenes Cottage so viel kostet wie eine Villa an der Hamburger Außenalster, und es gibt den viel preiswerteren *local market,* der den Insulanern vorbehalten ist.

Guernsey hat sich dank des Finanzgeschäfts zu einer prosperierenden Insel gemausert. 60 Prozent der Wirtschaftsumsätze stammen aus der Banken- und IT-Branche, 14 Prozent werden im Tourismus erzielt und nur sieben Prozent mit Blumen und Landwirtschaft, den früheren Aushängeschildern – entsprechend oft begegnen Sie zugewucherten, aufgegebenen Gewächshäusern.

Zehn Gemeinden *(parishes)* verteilen sich über Guernsey. Es ist ein Eiland der zwei Gesichter: Die Südküste ist gekennzeichnet durch Steilküste und malerische Klippenpfade. Die Nordwestküste erinnert an Long Island: breite Strände, zartes Licht, wogendes Dünengras und roséfarbener Fels prägen die Landschaft. Sobald sich die Flut mit dem zweitgrößten Tidenhub der Welt (bis zu 12 m) zurückzieht, staksen Austernfischer und Brachvögel auf dünnen Beinen durch den Sand, Kormorane trocknen ihre Flügel auf den Klippen. Viele Zugvögel nutzen das milde Klima der rund 2025 Sonnenstunden im Jahr, um zu überwintern. Wenn die ersten Osterglocken aufblühen oder die

DER SÜDEN

Der Süden von Guernsey ist ein Land der Farmer mit alten Granithöfen, Glashäusern, in denen Trauben reifen, und den

Ein kurioses Mosaik aus Muschelschalen, Glas- und Porzellanscherben: Little Chapel

blauen Wildhyazinthen, verschwinden sie wieder. Dann beginnt die Saison. Über 300 000 Urlauber besuchen im Schnitt pro Jahr die Insel; überlaufen ist sie nicht. Die südlichen Buchten sind immer noch so malerisch wie 1883, als Auguste Renoir sie in Öl malte. Einer seiner schönsten Zyklen zeigt die Moulin Huet Bay.

Da auch auf Guernsey die Siedlungen keinen ausgeprägten Ortscharakter besitzen, ist dieses Kapitel im Uhrzeigersinn nach den Himmelsrichtungen untergliedert – mit Guernseys einziger richtiger Stadt St. Peter Port als Schluss- und Höhepunkt.

honesty boxes am Wegesrand: darin frisches Gemüse, Schnittblumen oder Saisonobst. Man hinterlegt Geld und nimmt sich die Ware.

Vier *parishes* teilen sich den „Garten der Insel": die Gemeinde St. Andrew (2400 Ew.), die einzige ohne eigenen Küstenzugang, die kleinste *parish* Torteval (1000 Ew.) mit ihrer schottlandreifen Hochebene sowie Forest (1500 Ew.) und St. Martin (6300 Ew.).

Das stark besiedelte St. Martin ist nicht nur die wohlhabendste, sondern auch die schönste *parish* mit urigen Steincottages, in denen Miss Marple hausen könnte, mit alten Herrenhäusern und

Oldtimern, die in den Garagen schlummern.

Der Süden ist eine Region für Romantiker und Wanderer. Ginstergesäumte Pfade führen um die Küste, einsame Buchten locken zu Robinsonaden, stilvollen *cream tea* serviert man in den Hotels. Dramatik bietet die Gemeinde Forest: Steil stürzen sich die Klippen ins Meer. Ihren Namen verdankt sie früheren Waldbeständen, die heute nur noch rudimentär erhalten sind.

SEHENSWERTES

GERMAN MILITARY UNDERGROUND HOSPITAL (131 D5) (*ⱷ E6*)

Das Klopfen war bis in die tiefe Nacht zu hören: Zwangsarbeiter mussten in rund dreijähriger Arbeit den 2 km langen Stollen in Erde und Gestein graben. Später wurde die gespenstische Kulisse als Krankenhaus für deutsche Verwundete genutzt. Privates Museum mit viel Atmosphäre. *Mai–Okt. tgl. 10–12 und 14–16, April 14–16 Uhr | 3,50 £*

GERMAN OCCUPATION MUSEUM (130 C5) (*ⱷ D6*)

Alte Plakate, Aufrufe, Wachzimmer, Uniformen, Kurbeltelefone – das private Museum nahe der Kirche von Forest zeigt zahlreiche Gegenstände aus der deutschen Besatzungszeit. *April–Okt. tgl. 10–17, Nov.–März Di–So 10–13 Uhr | 5 £*

LA GRANDMÈRE DU CHIMQUIÈRE (131 E5) (*ⱷ E6*)

Die Grandmère du Chimquière ist ein rund 4000 Jahre alter Menhir aus der Zeit, als der Glaube an Hexen und Geister lebendig war. Noch immer werden der „Großmutter des Friedhofs" Bitten um Familienglück oder Fruchtbarkeit überbracht. Sie wartet an der Friedhofspforte von der St. Martins Parish Church.

LITTLE CHAPEL ● (130 C5) (*ⱷ D6*)

Mit nur 5 m Länge ist die Little Chapel in Les Vauxbelets das kleinste Gotteshaus der Welt. Sie wurde von dem katholischen Ordensbruder Déodat ab 1914 erbaut und liebevoll mit Porzellan- und

---

MARCO POLO HIGHLIGHTS

★ **Moulin Huet Bay**
Eine Bucht wird Bild: Renoir malte sie mit Leidenschaft
→ S. 63

★ **Sausmarez Manor**
Über 120 Skulpturen zieren diesen Garten Eden → S. 62

★ **Klippenpfade**
28 Meilen traumwandern zwischen Himmel und Erde, Ginster und Meer → S. 63

★ **Cobo Bay**
Vorhang auf zum Naturtheater: famose Sonnenuntergänge an der Cobo Bay → S. 68

★ **Dolmen Le Déhus**
Hexenwerk, ritueller Platz oder teuflischer Versammlungsort?
→ S. 70

★ **St. Peter Port**
Anheimelnde Mischung aus England und Frankreich → S. 72

★ **Castle Cornet**
Jeden Tag um 12 Uhr wird der traditionelle Kanonenschuss abgefeuert → S. 74

★ **Hauteville House**
Verspukt, verträumt, skurril: die weiße Villa des großen Victor Hugo → S. 75

Glasscherben sowie Muscheln bestückt. Rund zehn Jahre später war sie fertiggestellt. *Jederzeit frei zugänglich*

SAUSMAREZ MANOR ★
(131 E5) *(ш F6)*

Herr des granitenen Landguts mit Parkanlage in St. Martin ist Peter de Sausmarez. Seit dem Jahr 1220 lebt seine Familie auf der Insel. Das *Herrenhaus (7 £)* beherbergt verschiedene Ausstellungen: eine viktorianische Puppenhaussammlung, eine Eisenbahn für Kinder und als Highlight den *Park (6 £)* mit über 100 Skulpturen aus Glas, Bronze, Metall und Granit, der sich durch einen exotisch anmutenden Garten schlängelt.

Ein Besuch lohnt sich besonders am Samstagvormittag, weil dann von April bis Oktober ein **INSIDER TIPP** *Markt* mit einheimischen Produkten aller Art stattfindet. Besonders zu empfehlen sind die ausgezeichneten Käsesorten und das Bio-fleisch von der ⊙ *Meadow Courts Farm,* die für den Trend zur regionalen Slow-Food-Produktion steht. Im Herrenhaus spukts natürlich: An manchen Abenden gibt sich der Seigneur die Ehre, eine *Ghost Tour* durch sein skurriles Heim zu führen. *Gärten tgl. 10–17 Uhr, Haus April/ Mai Mo–Do 10.30 und 11.30, Juni–Sept. 10.30, 11.30 und 14.30 Uhr | 7 £ | www. sausmarezmanor.co.uk*

ESSEN & TRINKEN

THE AUBERGE ✂ (131 E5) *(ш F6)*

Genießen Sie am Jerbourg Point zuerst den Sonnenuntergang und die 270-Grad-Aussicht auf die Moulin Huet Bay und den Küstenverlauf bis St. Peter Port. Dann lassen Sie sich einen Aperitif auf dem Rasen des legeren Toprestaurants servieren. Schließlich genießen Sie das Dinner mit Blick auf die Lichter von St. Peter Port und Castle Cornet. Die Küche ist franzö-

Ehrwürdige Ahnenblicke: Herrenhausstimmung im Sausmarez Manor

sisch, die Zutaten kommen aus dem Meer und aus Guernseys Gartenbau. Mittags gibts einen Zweigängelunch für 15,95 £. *Tgl. | Jerbourg Road | St. Martin | Tel. 01481 23 84 85 | www.theauberge.gg | €€*

THE BEACH CAFÉ (131 E5) (*ℳ F6*)

Typisch legeres Strandcafé am Ende einer Stichstraße küstenwärts. Das Essen wird der herrlichen Buchtlage gerecht. Von den Appetithappen über den Fisch bis zum Eis schmeckt alles so vorzüglich, dass sich der Weg lohnt: entweder eine gute Stunde von St. Peter Port über den Küstenpfad oder die paar Minuten vom Parkplatz. Auch ein toller **INSIDER TIPP** Cocktail-Stopover (Hugo Spritz 6,50 £). Für abends reservieren! *Tgl. | Fermain Bay | Tel. 01481 23 86 36 | €–€€*

THE FARMHOUSE (130 C5) (*ℳ D6*)

Das ehemalige Gehöft wurde zum mehrteiligen Restaurant und erlesenen, kleinen Landhotel *(14 Zi. | €€€)* im südlichen Inselzentrum umgebaut. Küche vom Land (Schwein) und dem Meer (Steinbutt). Livejazz und Hochzeiten am Wochenende, Dinner am Pool. *Tgl. | Route des Bas Courtils | St. Saviour | Tel. 01481 26 41 81 | www.thefarmhouse.gg | €€*

EINKAUFEN

CATHERINE BEST (131 E4) (*ℳ F5*)

Mehrere Designpreise hat die Goldschmiedin für ihren Schmuck eingeheimst. Auch Bezahlbares, z. B. Silberohrringe ab 60 Euro. *Steam Mill Lane | St. Martin | www.catherinebest.com*

FREIZEIT & SPORT

ICART POINT UND SAINTS BAY
(131 D–E6) (*ℳ E7*)

Ein Wanderziel mit Ausblick: Gegenüber vom Saints Bay Hotel beginnt ein Klippenpfad, der sich hinunter in die Saints Bay schlängelt. In der anderen Richtung geht es durch die Klippen zum Icart Point mit weiten Blicken aufs Meer. Zur Belohnung: *high tea* im Icart Tearoom.

KLIPPENPFADE ★

Guernsey bietet ein knapp 30 Meilen langes Netz von Klippenpfaden. Seit 1927 unter Schutz gestellt, sorgt ein acht Mann starker Trupp für ihre Instandhaltung. Ein Inselbesuch wird nicht ausreichen, um alle Pfade zu entdecken. Am schönsten wandert es sich zur Blütezeit im Frühjahr: Wildblumen flankieren die Klippen, die klare Sonne erlaubt weite Blicke auf Buchten und Meer.

MOULIN HUET BAY ★ ●
(131 E5–6) (*ℳ F6–7*)

Die fast mediterrane Bucht malte Auguste Renoir 1883. Gönnen Sie sich einen impressionistischen Nachmittag: zunächst Kaffeetafel im luxuriösen Garten des Hotels Bella Luce, dann über ein steiles Waldsträßchen 1,5 km zur Bucht, wo ein simples Café zwischen Hortensien auf Sie wartet. Auf dem Marsch zurück steuern sie unweit des Bella Luce diesmal das sehr gute Pubrestaurant The Captains an, um sich von den freundlichen *locals* Tipps zu holen.

PETIT BÔT BAY
(131 D5–6) (*ℳ D–E 6–7*)

Zur Bucht kommen Sie nach einem typischen Guernseyspaziergang: Mit dem Bus gehts zum Flughafen und dann ein paar Gehminuten bis zum German Occupation Museum. Später folgen Sie dem Sträßchen nach Südosten und stoßen nach zehn Minuten auf ein Ensemble von Cottages, Magnolien, Rosen und Kamelien: das Fleckchen Le Variouf. Aberglaube und Hexen gingen hier um. Vorsprünge an Hauswänden waren Hockplätze, um Hexen günstig zu stimmen. Gehen Sie zunächst etwas zurück, um über die Rue des Croise in 15 Minuten Petit Bôt Bay zu erreichen. Der renovierte Küstenturm lockt mit Infodisplay zur Turmhistorie, die fast klammartige Bucht bei Ebbe mit etwas Sandstrand.

STRÄNDE

Im Südwesten und Süden Guernseys liegen Strandjuwelen oft gut geschützt am Fuß von Küstenklippen und längeren Fußwegen. Ein Klippenpfad verbindet die Strände von Fermain Bay über die Moulin Huet Bay bis Portelet Bay. Die Ebbe legt den meist feinsandigen Küstensaum frei.

LOW BUDG€T

Zwischen 17 und 19 Uhr bieten zahlreiche Restaurants in St. Peter Port preiswerte *early bird meals* an: Zweigängemenüs (manchmal mit einem Glas Wein) für 12–22 Euro.

Auch auf Guernsey übernachtet man am günstigsten natürlich im Zelt (ab ca. 15 Euro/Person). Zwei schön in der Natur gelegene Plätze: *Fauxquets Farm (Tel. 01481 25 54 60 | www.faux quets.co.uk)* zwischen St. Andrew und St. Saviour und *La Bailloterie Camping (Tel. 01481 24 36 36 | www.cam pinginguernsey.com)* in St. Sampson, der im Sommer Partyabende mit Boule und Livemusik veranstaltet.

Die öffentlichen Busse sind konkurrenzlos preiswert: Eine Fahrt, egal wie weit, kostet 1 £, ein Tagesticket 4,50 £. *www.buses.gg*

FERMAIN BAY (131 E5) (*ΩΩ F6*)

Der kleine Strand liegt 3 km südlich von St. Peter Port am Küstenpfad. Victor Hugo kam gern zum Baden in die von Wald umgebene Bucht mit kleinem Martelloturm.

PORTELET BAY (131 D6) (*ΩΩ E7*)

Die rund 2 km breite, geschützte Bucht hat wunderbare kleine Strände. Oberhalb verläuft der *cliff path* zwischen Feldern und der Steilküste von Icart Point nach Pointe de la Moye.

SAINTS BAY (131 D–E6) (*ΩΩ E–F7*)

Vom ✺ Saints-Bay-Parkplatz geht es hinunter zum muschelweißen Strand der Saints Bay – ein intimer Badeplatz.

AM ABEND

FERMAIN TAVERN (131 E5) (*ΩΩ F6*)

In dem großen Pub wird schon seit den 1980er-Jahren Guernseys beste Livemusik geboten: Sogar Sir Elton John tauchte schon hier in der Provinz auf und ließ die Loungebar aus allen Nähten platzen. Es lohnt sich also ein Besuch, zumal man auch abseits in der anderen Bar unbehelligt etwas trinken kann. *Fort Road | www.fermaintavern.com*

ÜBERNACHTEN

LA BARBARIE HOTEL (131 D5) (*ΩΩ E6*)

Romantisches Steinhaus mit mehrfach ausgezeichneter Küche und 23 komfortablen Zimmern. *Saints Road | St. Martin | Tel. 01481 23 52 17 | www.labarbarie hotel.com | €€€*

HOTEL BELLA LUCE (131 D5) (*ΩΩ E6*)

Romantisches, sehr altes Landhaus in herrlichem Garten mit Swimmingpool. Dafür ist das moderne Interieur des Viersternehotels fast schon skandinavisch entschlackt. *31 Zi. | La Fosse | St. Martin |*

Tel. 01481 23 87 64 | www.bellalucehotel.com | €€€

INSIDER TIPP ▶ THE CAPTAIN'S

(131 D5) (*M* E6)

Ein sehr charmantes Landgasthaus im alten Stil mit modernen, recht individuell geschnittenen Zimmern mitten im schnuckeligen St. Martin. Vor dem ausgezeichneten Dinner (leckere Makrele!) mischen Sie sich unter die *locals,* die hier ihr Feierabendbier trinken und Ihnen gern den ein oder anderen Tipp geben. *9 Zi. | La Fosse de Haut | St. Martin | Tel. 01481 23 89 90 | www.thecaptainshotel. co.uk | €*

LE CHÊNE HOTEL

(130–131 C–D5) (*M* D6)

In Flughafen- und Waldnähe liegt dieses einfache, freundliche Landhotel mit Pool und Restaurant. Stammgastatmosphäre. Ab drei Nächten sind Scooter, Fahrräder und Angelrute frei. Auch Selbstversorger. *26 Zi. | Forest Road | Forest | Tel. 01481 23 55 66 | www.lechene.co.uk | €–€€*

SAINTS BAY HOTEL (131 D6) (*M* E7)

Kein Trugbild? Nein, ein atemraubender Platz hoch über der Saints Bay. Davor beginnen die Klippenpfade. *36 Zi. | Icart Point | St. Martin | Tel. 01481 23 88 88 | www.saintsbayhotel.com | €€*

DER WESTEN

Die Westküste Guernseys vermittelt Urlaubsgefühl pur: lange Strände, leichter Wind, Häuser mit großen Panoramafenstern.

Jeder Tag wird hier zum Schauspiel, jeder Balkon zur Loge, wenn am Himmel ein unvergesslicher Sonnenuntergang glüht. Drei *parishes* residieren auf diesem Inselteil: das große, meerorientierte Castel

Romantisches Domizil mit wunderbarem Garten: Hotel Bella Luce

(9000 Ew.) mit langen Stränden und der Cobo Bay – im Sommer pure Badelust. Dann St. Saviour (2700 Ew.), das mit seinen felsigen Buchten, den kleinen Kapitänshäusern und Booten das Land der Fischer ist. Und schließlich St. Peter-in-the-Wood (St-Pierre-du-Bois, 2200 Ew.) mit der ertragreichsten Austernbank der Insel in Portelet Harbour. Leider wird das Radfahrvergnügen entlang der Küste dadurch eingeschränkt, dass die Küstenstraße sehr schmal ist. Durch die Inselmitte ist man in einer guten halben Stunde von St. Peter Port in Cobo Bay.

SEHENSWERTES

DOLMEN LE TRÉPIED (130 B4) (*M* B5)

An der Perelle Bay steht dieses rund 6 m lange Ganggrab aus dem 3. Jahrtausend v. Chr. Träger- und Deckensteine sind erhalten.

FORT GREY SHIPWRECK MUSEUM
(130 A5) (*∅ B6*)

Die Gewässer vor den Kanalinseln sind gefährlich und fordern bis heute Todesopfer. Im 1803 gebauten, weißen Turm von Fort Grey werden die Schiffsunglücke vor Guernsey anschaulich dargestellt. *April–Okt. tgl. 10–16.30 Uhr | 4 £*

INSIDER TIPP ▶ LIHOU ISLAND
(130 A3–4) (*∅ A4–5*)

Das bei Flut von der Westküste abgeschnittene Eiland ist als Ramsar-Feuchtgebiet geschützt. Man kann auf der Insel, die die Ruinen eines Klosters trägt, im Jugendherbergsstil übernachten. Besonders empfehlenswert ist eine etwa zweistündige Rundwanderung vom Parkplatz am Fort Saumarez nach Lihou. Man erfährt viel über Geschichte, Fauna und Flora dieses Küstenteils. Über die Sommerführungen von Gill Girard (*www.gillgirardtourguide.com*) informiert das Tourist Office. Für Wanderer ist der Blick in den Gezeitenkalender Pflicht. *www.lihouisland.com*

PLEINMONT-HOCHEBENE ☆
(130 A5) (*∅ A–B6*)

Eine Hochebene, die an Schottland erinnert: dramatische Ausblicke aufs Meer, ein Netz von Wanderwegen und die Ausläufer des von der Ostküste kommenden Küstenpfads treffen sich hier. Auf dem Plateau ragt der ● *Pleinmont Tower (April–Okt. So 14–17 Uhr | 3 £)* empor mit einer Ausstellung über den Atlantikwall. 1942 wurde der runde Betonturm mit Beobachtungsschlitzen auf jeder Etage errichtet, nach dem Krieg von der Occupation Society in Schuss gehalten. Manchmal verkauft deren Vorsitzender Richard Heaume am Turm Eintrittskarten. Als Kind hat er in deutschen Bunkeranlagen gespielt und Pistolen, Uniformjacken und Rangzeichen gesammelt, später auch Mörser, Abschussvorrichtungen und Fahrzeuge für sein German Occupation Museum in Forest. Im Turm findet man Telefone, Ferngläser und säuberlich erneuerte Wandmonogramme wie „Feind hört mit" – dafür wurden sogar die Schablonen restauriert. Heute wirken Guernseys imposantester Naziturm und die umliegenden Geschützstellungen wie eine INSIDER TIPP ▶ skurrile Bauausstellung zwischen Art déco und Bauhaus.

INSIDER TIPP ▶ SAUMAREZ PARK
(131 D3) (*∅ E4*)

Der größte Park Guernseys hat zwar ein Herrenhaus als Zentrum, ist aber in öffentlichem Besitz. Seinem früheren Besitzer, einst britischer Botschafter in Japan, sind die riesigen Kamelien und Magnolien zu

FLOWER-POWER

Die Kanalinseln sind ein veritables Mekka für alle Gartenfans. In dem milden Klima gedeihen selbst mediterrane Pflanzen. Es gibt zahlreiche Gartenfestivals und begeisterte Grünenthusiasten, die ihre privaten Gärten öffnen. Ganzjährig geöffnet sind auf Guernsey Victoria und Candie Gardens in St. Peter Port sowie der Skulpturenpark vom Sausmarez Manor in St. Martin. Und wenn Sie einmal die Lust auf Kräuterduft packt, dann besuchen Sie den von General Lambert im 17. Jh. angelegten Garten bei Castle Cornet: Hier genießen Sie Wohlgeruch auf Schritt und Tritt.

verdanken. Im *Folk and Costume Museum* lebt das alte Guernsey fort. Ein Pfad führt in die Cobo Bay. *Tagsüber frei zugänglich | www.nationaltrust.gg/places-to-visit*

sogar das Brot für die Krabbensandwiches. Schöner Blick auf die Cobo Bay. *Di–So 10–17 Uhr | Cobo Coast Road | Castel | Tel. 01481 25 33 66 | €*

Wie gefährlich die Fahrwasser des Ärmelkanals sind, bezeugt das Wrackmuseum in Fort Grey

ST. APOLLINE'S CHAPEL

(130 B4) *(ᗢ C5)*

Das renovierte Kapellchen, ein Freskenkleinod aus der vorreformatorischen Zeit, ist der Märtyrerin Apollonia geweiht, Patronin der Zahnärzte. *Tagsüber frei zugänglich*

ESSEN & TRINKEN

COBO FISH 'N' CHIPS (130 C3) *(ᗢ D4)*

Einheimische schwören auf das frittierte Fast Food direkt am Strand der Cobo Bay. *Tgl.*

COBO TEA ROOM ☘ (130 C3) *(ᗢ D4)*

Alte Holzdielen, der Duft frischer Plätzchen, die Vitrine schwer von Backwerk. Im Cobo Tea Room ist alles hausgemacht,

EINKAUFEN

INSIDER TIPP ▶ LE TRICOTEUR/LITTLE GREEN ISLAND (130 A5) *(ᗢ B6)*

Kaufen Sie sich einen echten Guernseypullover *(80 £),* den schon Admiral Nelson seinen Marinesoldaten verpasste! Elizabeth I. trug Guernseystrick, als sie die Schottenkönigin Mary Stuart köpfte, die ihrerseits auf dem Schafott Guernseystockings trug. *Copper Craft Centre | Rocquaine Bay*

FREIZEIT & SPORT

BIRDWATCHING

Ornithologische Touren organisiert die *Royal Society for Protection of Birds. www. rspbguernsey.co.uk/rspb-whats-on*

Im Wellenrausch: Die weite Vazon Bay bietet der Brandung ordentlich Auslauf

GOLF (130 C3) (*D4*)

Golf spielen mit Meerblick können Sie im *La Grande Mare Golf Club* (18 Löcher). *Vazon Bay | Castel | Tel. 01481 25 65 76 | www.lagrandemare.com*

WANDERN

Visit Guernsey bietet online Karten und Audioführer zu zwölf kleineren Wanderungen auf der ganzen Insel an, davon drei im Westen. *www.visitguernsey.com/tasty-walks*

STRÄNDE

Die Strände an der Westküste sind viel länger und breiter als die im Süden, dazu sind sie von Parkplätzen gesäumt.

COBO BAY ★ (130 C3) (*D3–4*)

Weiß leuchtet der Sand bei Ebbe, rosa Felsen steigen aus dem Wasser. Ein toller, sehr beliebter Familienstrand mit Pub, Kiosk, *fish 'n' chips,* Supermarkt und Parkplatz.

SALINE BAY (130 C2) (*D3*)

Ein Strand für Romantiker mit Blick auf die Halbinsel Grandes Rocques. Picknickkorb mitnehmen!

VAZON BAY (130 B–C3) (*C–D4*)

Das Zentrum für die Surferszene der Insel. Rauschend rollen die Atlantikwellen gegen die Küste und bieten Profis gute Bedingungen. Baden im geschützten Becken der Vazon Bay Battery. Parkplatz, Kiosk, Restaurant.

AM ABEND

THE ROCKMOUNT (130 C3) (*D4*)

Die Sunset-Lounge an der Cobo Bay. Nur Küstensträßchen und Ufermauer trennen

Livemusikszene im Südwesten Guernseys. Man kommt schnell ins Gespräch mit den *locals.* Hotelgäste (zu zweit!) bekommen manchmal Buspass oder Mietwagen zur Verfügung gestellt. *9 Zi. | Portelet Harbour | Tel. 01481 26 40 44 | www.imperial inguernsey.com | €*

WAVES (130 C3) *(📖 D4)*

Das modernste Feeling im etwas schläfrigen Westküstenszenario vermittelt dieses schöne Hotel mit Suiten, Studios und Apartments für Selbstversorger. Das geräumige Innere bietet eine Mischung aus Strandhüttenoptik und skandinavischer Coolness. Viele mieten sich für eine Woche ein. *20 Zi. | Vazon Bay Road | Castel | Tel. 01481 25 62 46 | www.wavesguernsey. com | €€–€€€*

DER NORDEN

Im Norden wird die Welt mysteriös: In Vale, der mit 9600 Ew. größten *parish* der Insel, gibt es nicht nur Sagen und Legenden, sondern auch alte Ganggräber, die wie Fenster in ferne Welten reichen, Dünen, die schöner sind als die auf Sylt, und Wellen, auf die Surfer ähnlich abfahren wie auf die Brecher vor Hawaii. In den Dünen an der Ancresse Bay wachsen mehrere Martellotürme aus dem Gras.

Im Norden sticht das einzige Städtchen der Insel neben St. Peter Port heraus: St. Sampson. Es ist die „Kapitale" der gleichnamigen *parish* mit 8600 Ew. An der Hafenfront reihen sich bunte, zweistöckige Häuser und kleine Geschäfte – ein typisch englisch wirkender Ort mit *fish-'n'-chips*-Buden, Geschäften für den täglichen Bedarf und einem Hafen, der einst als wichtige Exportzentrale von Granitstein galt und in dem es auch heute noch nach Arbeit riecht.

die Terrasse des geräumigen Pubs vom Strand. Das Essen ist nur Durchschnitt, aber die Szenerie mit der Terrasse des Cobo Bay Hotels nebenan ist großartig.

COBO BAY 🥢 (130 C3) *(📖 D4)*

Das noch vergleichsweise preiswerte Hotel hat die beste Position an der lässigen Westküste. Vom Bett ins Meer brauchen Sie vor dem guten Frühstück kaum mehr als eine Minute (bei Ebbe allerdings vier oder fünf). Bestes Westküstenrestaurant mit großer 🥢 Terrasse – Meerblick zum Hummer. *36 Zi. | Cobo Coast Road | Castel | Tel. 01481 25 71 02 | www.cobobay hotel.com | €–€€*

IMPERIAL HOTEL (130 A5) *(📖 B6)*

Im Pub des Hotels trifft man auf die einheimischen Kneipengänger und Fans der

SEHENSWERTES

DOLMEN LE DÉHUS ★
(131 F2) (*□ G3*)

Abergläubische hielten sie für teuflische Versammlungsorte: die Ganggräber und Megalithe, die in den letzten Jahren von Archäologen intensiver erforscht wurden. Le Déhus besteht aus einem engen Gang, von dem mehrere Seitenkammern abzweigen; man vermutet, dass hier die Toten bestattet wurden. Ein Archäologe stellte fest, dass Le Déhus, von den Menschen des Neolithikums vor fünf Jahrtausenden angelegt, offenbar von ihnen auch versiegelt worden war: Sie hatten den Bau mit Napfschnecken gefüllt und mit Geröll verschlossen. Bei seiner Öffnung fanden sich Gebeine, ein Kupferdolch und Keramik. Wenn das einfallende Licht richtig steht, beeindruckt eine Porträtritzung im Deckstein besonders intensiv. *Tgl. 9 Uhr–Sonnenuntergang | Eintritt frei*

LES FOUAILLAGES/LA VARDE
(131 E1–2) (*□ F2–3*)

Ein Hobbyarchäologe grub im 19. Jh. mit seinen Söhnen rund 20 Dolmen auf der Insel aus. Die Steine dieser Monumente wiegen bis zu 20 t. Sie wurden herangeschafft, bevor die Menschen das Rad kannten. In L'Ancresse Common, dem Dünengebiet im Norden von Vale, finden sich mehrere der ausgehobenen Gräber. Zu den neu entdeckten und zugleich ältesten der Kanalinseln zählt Les Fouaillages. Aus Tonscherben, die hier gefunden wurden, geht hervor, dass die Anlage zwischen 4850 und 4250 v. Chr. geschaffen wurde. Sie findet sich beim fünften Loch eines Golfplatzes oberhalb der Badebucht Ladies Bay.

ROUSSE TOWER (131 E1) (*□ F2*)

Der graue Granitturm wurde im 18. Jh. zum Schutz der Inseln errichtet und mit Kanonen und Wachpersonal versehen. Er

Royal Guernsey Golf Club: In L'Ancresse Common schlagen Sie zwischen Martellotürmen ab

ist restauriert und zeigt heute eine kleine Ausstellung zur Historie des Bauwerks. *April–Okt. tgl. 9 Uhr–Sonnenuntergang | Eintritt frei*

VALE CASTLE ☀ (131 F2) (*Ø G3*)

Das Schloss wurde im 14. Jh. gebaut und ist heute nur noch eine Ruine, bietet aber eine schöne Aussicht auf die Nachbarinseln Herm und Sark. Jedes Jahr im August findet im Vale Castle ein großes Festival statt, in einem Teil Jazz, im anderen Rock oder Hip-Hop. *www.valeearthfair.org*

ESSEN & TRINKEN

THE BEACH HOUSE (131 E1) (*Ø F2*)

Geschäftiges Strandrestaurant mit Terrasse in der großen Pembroke Bay. Pinot Grigio zum Lobster Club Sandwich, *fish 'n' chips*, Lasagne – für den Heißhunger nach dem Baden. *Tgl. | Tel. 01481 24 64 94 | €*

THE BEAUCETTE MARINA RESTAURANT (131 F1) (*Ø G2*)

In der hübschen Beaucette Marina gelegen, gut für Steaks, Fisch oder Pasta sowie *cream tea. Mo geschl. | Tel. 01481 24 70 66 | €€*

HOUMET TAVERN ☀ (131 E2) (*Ø F3*)

In Le Grand Havre nahe beim Rousse Tower lockt dieses Restaurant mit tollem Strandblick und Seafood. Große Portionen, drinnen Poolbillard und Sportfernsehen. *So-Abend geschl. | Tel. 01481 24 22 14 | €€*

ROC SALT ☀ (131 E1) (*Ø F2*)

Direkt über der Ladies Bay liegt eins der besten Seafood-Restaurants mit Aussicht. Gute Weine. *So-Abend und Mo geschl. | Mont Cuet Road | Tel. 01481 24 61 29 | www.rocsalt.gg | €€*

INSIDER TIPP ▶ ROUSSE TOWER KIOSK (131 E1) (*Ø F2*)

Der Küstenturm ist restauriert und ein rühriger Kiosk bietet ab 10 Uhr Sandwiches, Cookies und *cream tea* an. Die genießt man am besten auf der ☀ Terrasse mit Tischen, von der man einen traumhaften Blick auf die große Bucht Le Grand Havre genießt.

EINKAUFEN

B. H. GOLDSMITHS (131 D2) (*Ø E3*)

Nur ein Fischercottage? Innen funkeln Saphire, schimmern Opale, glitzern Turmaline – Edelsteine werden hier exakt geschliffen und zu filigranem Schmuck verarbeitet. *Northwest Coast Road | Port Grat*

FREESIA CENTRE (131 E2) (*Ø F3*)

Der Freesien- und Nelkenerzeuger, der europaweit mit der Post verschickt, zeigt hier, wie's geht. INSIDER TIPP ▶ Interessantes Video über die Zeit, als Guernsey mit unzähligen Gewächshäusern noch ein Blumenanbau-Dorado war. *Route Carre | Vale*

FREIZEIT & SPORT

ROYAL GUERNSEY GOLF CLUB (131 E1) (*Ø F2*)

Der beste Club Guernseys. Mit Handicap darf man aufs Green am Ancresse Common. 18 Löcher. *Tel. 01481 24 65 23 | www.royalguernseygolfclub.com*

STRÄNDE

LADIES' BAY/GRAND HAVRE (131 E1–2) (*Ø F2–3*)

Ein breiter, hufeisenförmiger Sandstrand, zum Schwimmen, auch mit Kindern, geeignet. Parkplätze und Restaurant Roc Salt.

PEMBROKE BAY (131 E1) (*M F2*)

Ideal für Windsurfer, Segler und Katamaranfahrer. Hinter dem Strand schöne Gras- und Dünenlandschaft. Parkplatz und Kiosk.

PORT GRAT (131 D2) (*M E3*)

Die kleine Sandbucht im Nordwesten wirkt irgendwie vergessen – ein guter Platz zum Alleinsein. In Richtung Rousse Headland stößt man auf zum Heranwachsen in Säcke verpackte Muscheln und Austern.

PORTINFER BAY/PORT SOIF (131 D2) (*M D–E3*)

Zwei kleine, intime Sandstrände an der Nordwestküste (Dünenschutzgebiet).

An der Hafenstirnseite von St. Sampson gibts Pubs, in denen Sie Insulaner treffen, die nicht in der Finanzindustrie stecken. Namentlich der *Mariners Inn:* Poolbillard, Karaoke, Tombolas. Happy Hour für ein billiges *pint* von 17 bis 18 Uhr.

ÜBERNACHTEN

THE BAY APARTMENTS (131 E1) (*M F2*)

Ganz im Norden nur 100 m vom Strand der Pembroke Bay liegt das schöne Haus mit vier unterschiedlich großen Ferienwohnungen. Gäste können (außer im Juli und August) umsonst nach Herm schippern. Frühzeitige Buchung ist ratsam! *La Jaonneuse Road | Vale | Tel. 07781 145129 | www.thebayguernsey. co.uk | €€€*

PENINSULA HOTEL (131 E2) (*M F3*)

Das Hotel mit Gartenanlage und Swimmingpool an eigenem Strandabschnitt der Grand Havre Bay liegt an einer kleinen Halbinsel. Es wird gerne von Familien gewählt. *99 Zi. | Les Dicqs | Vale | Tel. 01481 248400 | www.peninsulahotel guernsey.com | €–€€*

ST. PETER PORT

KARTE IM HINTEREN UMSCHLAG (131 E4) (*M F5*) ★ Dieses Hauptstädtchen entzückt mit mehr Flair als St. Helier. Kompakt und steil aufgetürmt überm Yachthafen erobert das deutlich frankophilere Metropölchen die Herzen auf Anhieb.

Entlang den kleinen Hauptstraßen mit Granithäusern aus der viktorianischen Zeit strahlen Juweliergeschäfte, funkeln Glaspaläste mit blank geputzten Messingschildern – mehr als 60 Geldinstitute haben sich in der Hauptstadt eingenistet. St. Peter Port mauserte sich als strategisch günstiger Hafen um 1800 zur Kapitale wohlhabender Kaufleute – deren Vermögen oft durch die von der britischen Regierung legalisierte Piraterie angehäuft war. Rund 16 500 Menschen leben heute in St. Peter Port. Viele Einwohner besitzen nicht Zweitwagen, sondern Zweitboot. Und draußen ankern die riesigen Kreuzfahrtschiffe, weit über 100 im Jahr.

SEHENSWERTES

ARCADE (U E3) (*e3*)

Gegenüber den restaurierten Markthallen, in denen nun eine Shoppingmall residiert, wurde in den 1920er-Jahren das Arcade-Viertel aufgebaut. Kleine Verzierungen, Masken und Details sind an den Fassaden zu sehen, hinter denen Handwerker und Geschäfte einzogen. Die Häuser selbst wurden auf tiefen Kellerschächten errichtet: Wegen der Brandgefahr durch die Verwendung von Bauholz in Decken und Treppen wurden unterhalb der Straßen große Wasserreservoire angelegt.

Kapitale mit Weitblick: St. Peter Port, Guernseys Finanzhochburg und exquisites Wohnviertel

INSIDER TIPP ▶ BLUEBELL WOOD

(U E6) (*∅ e6*)

Die etwa 40 cm hohe Waldhyazinthe – auch blaues Maiglöckchen genannt – ist die wohl berühmteste Wildblume Englands. In James Ivorys Literaturverfilmung „Wiedersehen in Howards End" spaziert

blühen Kamelien, im Sommer leuchten Hortensien, die Blicke reichen bis nach Sark und Herm. Von Juni bis September finden sonntags zwischen 15 und 16 Uhr Konzerte und Tanzvorführungen statt. *Mo–Sa 9.30–17 Uhr | Eintritt frei | Candie Road*

Hauteville House: Auf Guernsey fand der Poet und Lebemann Victor Hugo ein Exil mit Stil

ein Mann durch ein großes Feld dieser Blumen, die in Waldstücken wachsen. Guernsey hat das schönste Ensemble dieser *bluebells.* In der Villengegend Fort Field nördlich der Fermain Bay treten Sie ab Mitte April direkt vom Küstenpfad in den zartlila Waldteppich. *short.travel/kai3*

CANDIE GARDENS

(U D–E2) (*∅ d–e2*)

Eine Statue von Victor Hugo schmückt den Garten über der Stadt. Im Frühjahr

CASTLE CORNET ★

(U F3–4) (*∅ f3–4*)

Täglich um Punkt 12 Uhr hallt seit jeher ein Kanonenschuss über Castle Cornet, das sich als trutzige Festungsanlage zwischen Hafen und Havelet Bay erhebt. Die Burg, deren Grundmauern aus dem 13. Jh. stammen, wurde militärisch und als Gefängnis genutzt, war später Sitz des Gouverneurs und während der Besatzungszeit Basis für deutsche Luftabwehrgeschütze.

Neben einem *Museum zur Historie der Burg* gibt es das *Maritime Museum,* das die seefahrerische Tradition der Insel illustriert. Militärgeschichte präsentiert das *Museum of the Royal Guernsey Militia.* Im Sommer lohnt der Gang durch die vier Gärten, besonders den kleinen *Kräutergarten.* Von Juni bis Mitte August **INSIDER TIPP** wird das Castle zur Freilichtbühne, auf der populäre Stücke von Romeo und Julia bis zum Glöckner von Notre Dame aufgeführt werden (Tickets *Tel. 01481 71 22 40). April–Okt. tgl. 10–17 Uhr | 10 £ | www.museums.gov.gg*

GUERNSEY AQUARIUM (U F5) (*m f5*)
In einer ehemaligen Tunnelanlage am äußersten Südende der Stadt wurden Aquarien mit Dutzenden verschiedenen Fisch- und anderen Meerestierarten untergebracht. *Mo–Sa 9–17, So 10–18 Uhr | 4,75 £ | La Valette*

GUERNSEY MUSEUM AT CANDIE (U D2) (*m d2*)
Über Candie Gardens thront das Guernsey Museum mit dem 🌿 Teehaus Viktoria. Das Museum präsentiert die archäologischen und historischen Wurzeln Guernseys mithilfe von Bildern, Displays und Fundobjekten. Die Art Gallery zeigt Arbeiten lokaler Künstler, darunter die des auf Guernsey lebenden Malers Peter le Vasseur. Er zählt zu den bekanntesten Künstlern Großbritanniens und entwarf u. a. das Arche-Noah-Bild für den World Wide Fund for Nature. Zu seinen Kunden gehören Beatle Ringo Starr und das britische Königshaus. *April–Okt. tgl. 10–17, Nov./Dez. und Feb./März 10–16 Uhr | 6 £ | www.museums.gov.gg*

THE GUERNSEY TAPESTRY (U D–E3) (*m d–e3*)
Mehrere Wandteppiche präsentieren auf Tafeln die zehn *parishes* von Guernsey.

Interessantes Detail: Die alten Teppiche zeigen sich in den Farben verhaltener. Das erklärt sich dadurch, dass früher nur pflanzliche Farbstoffe verwendet wurden, erst später kamen die chemischen Farben dazu. *Ostern–Okt. Mo–Sa 10–16.30, Nov.–Ostern Do 11–16 Uhr | 4,95 £ | College Street | www.guernseytapestry.org.gg*

HAUTEVILLE HOUSE (VICTOR HUGO'S HOUSE) ★ ● (U E4) (*m e4*)
2012 feierte Frankreich den 210. Geburtstag von Victor Hugo. Doch der Poet, Dramatiker und Lebemann, Verfasser vom „Glöckner von Notre-Dame" oder „Les Misérables", war in der Grande Nation nicht immer gern gesehen. Unter Napoleon III. musste er fliehen und steuerte Guernsey an. Im Hauteville House fand er ein Exil mit Stil. Der Exzentriker thronte 15 Jahre in der weißen Villa mit Garten, richtete einen samtroten Salon ein, malte, schrieb, sammelte Skurrilitäten. In seinem verglasten Arbeitsloft mit Blick gen Frankreich und dem Haus seiner Geliebten entstand „Les Travailleurs de la Mer" („Die Arbeiter des Meeres"), der einzige Roman, der auf den Kanalinseln spielt. *April–Sept. Do–Di 10–16 Uhr | 7 £ | 38 Hauteville | www.victorhugo.gg, hautevillehouse.com*

OLD QUARTER (U E3) (*m e3*)
Als wäre es eine Kreativecke in Paris: In und um die kopfsteingepflasterte Mill Street im Old Quarter haben sich allerlei Kunst- und Kunsthandwerksläden, Galerien, Antikshops und Restaurants angesiedelt.

ROYAL COURT (U E3) (*m e3*)
In dem Gebäude aus dem 18. Jh. **INSIDER TIPP** tagt an jedem letzten Mittwoch im Monat das 47-köpfige Inselparlament. Besucher dürfen von einer Gale-

rie aus zuschauen. *Rue de Manoir | Tagungszeiten unter Tel. 0148172 6161*

TOWN CHURCH (U E3) (*e3*)

Stündlich schlagen die Glocken der alten Town Church aus dem 11. Jh. Die Kirche steht in direkter Nähe zu einem Pub, dem Albion House. Dafür gab es einen Eintrag ins Guinness-Buch der Rekorde. Achten Sie auf die Kirchenfenster sowie auf den gotischen Schnitzaltar und den reich verzierten Bischofsthron.

LA VALETTE UNDERGROUND MILITARY MUSEUM (U F4) (*f4*)

In einem Tunnelkomplex, der den Deutschen im Zweiten Weltkrieg als Treibstofflager für U-Boote diente, sind Ausstellungsstücke aus der Besatzungszeit zu sehen. *März–Mitte Nov. tgl. 10–17 Uhr | 6 £ | La Valette, gegenüber den Bathing Places*

VICTORIAN SHOP (U E3) (*e3*)

Im Victorian Shop and Parlour wiegen Ihnen Damen in Spitzenhäubchen Bonbons ab, verkaufen Veilchenpastillen und Pflanzensamen. Eine museale Zeitreise ins 18. Jh. *April–Sept. Di–Sa 10–16 Uhr | 26 Cornet Street*

INSIDER TIPP VICTORIA TOWER (U D2) (*d2*)

Der schöne Turm wurde in Gedenken an den Besuch von Queen Victoria 1846 auf Guernsey gebaut. Der an den viktorianischen *baronial style* schottischer Schlösser erinnernde Turm wurde vermutlich an der Stelle eines neolithischen Dolmens errichtet. Wer die prächtige Aussicht von oben genießen möchte, kann sich den großen eisernen Schlüssel im Guernsey Museum in Candie Gardens abholen. *Tgl. 10–16 Uhr | Eintritt frei | short.travel/kai2*

Kleine Läden, kurze Wege, coole Mode: Shoppingvergnügen in St. Peter Port

ESSEN & TRINKEN

CURRY ROOM (U E3) (𝑚 e3)

Das einzige Fünfsternehotel der Insel, das Old Governor's House, wirkt wie ein charmantes, edles Landhotel. Die beiden Restaurants sind weniger französisch, als man annehmen würde. Der *Curry Room* serviert sogar beste indische Küche, als hätte das britische Kolonialreich hier einen kulinarischen Ableger. Sie können auch draußen am Pool dinieren. *Tgl. | Ann's Place | Tel. 01481 72 49 21 | www. theoghhotel.com | €€€*

LE NAUTIQUE (U E3) (𝑚 e3)

Urige Hafen-Lagerhausatmosphäre, geschätzt von Einheimischen und Besuchern. Reservieren Sie einen der ☘ Tische mit Hafenblick! Patron Günter Botzenhardt lockte einst die Liebe her, seitdem zahlt ers kulinarisch erstklassig zurück. Fisch und Muscheln kauft er vor der Haustür von Tauchern und Fischern. *So geschl. | Quay Steps | Tel. 01481 72 17 14 | www.lenautiquerestaurant.co.uk | €*

LE PETIT BISTRO (U E2) (𝑚 e2)

Vive la France! Ein Bistro wie aus dem Bilderbuch, die Küche Surf und Turf à la France, gespeist aus Guernseys Natur. **INSIDER TIPP▶ Von 6 bis 7 Uhr abends gibts drei Gänge für 13,50 £.** *Tgl. | 56 Lower Pollet | Tel. 01481 72 50 55 | petit bistro.co.uk | €–€€*

ROBERTO'S (U D4) (𝑚 d4)

Wo auch die Einheimischen wegen des guten Essens italienischer Provenienz kommen, da lass dich ruhig nieder. Große, leckere Portionen. *Tgl. | Trinity Square | Tel. 01481 73 04 19 | €–€€*

THE SWAN INN (U E2) (𝑚 e2)

Ein beliebtes Pub, das nach Restaurierung sein stolzes Alter mühelos mit modernem Ambiente verbindet. Dazu kommt das kleine Restaurant die steile Treppe rauf, wo die Mahlzeiten preiswerter sind als in Toprestaurants, aber qualitativ durchaus mithalten können. *Tgl. | St. Julian's Avenue | Tel. 01481 72 89 69 | €–€€*

THE TERRACE GARDEN CAFE ☘ (U E3) (𝑚 e3)

Selbst wenn das Wetter nur so lala ist, lohnt es sich, das Tagesende mit einem sehr leckeren Teller Thaifood hier auf der großen Terrasse zu verbringen. Toller Blick über den Mastenwald im Hafen sowie Castle Cornet. *Tgl. | Cornet Street | Tel. 01481 72 44 78 | www.terracegardencafe. com | €*

EINKAUFEN

Guernsey ist einen Hauch preiswerter als Jersey, auch weil man hier bislang noch auf die Einführung einer Umsatzsteuer verzichtet hat. Le Pollet und High Street laden zum Schlendern und Schauen. Das Viertel Arcade bei der Markthalle liegt nebenan.

BUCKTROUTS (U E3) (𝑚 e3)

Picknick am muschelweißen Strand von Herm? Fehlt nur noch die passende Begleitung. Vielleicht ein Champagner Marke Veuve Clicquot-Ponsardin? Bei Bucktrouts bekommen Sie den sogar in 1,5-l-Magnumflaschen. *Town Church Square*

BUTTONS BOOKSHOP (U E3) (𝑚 e3)

Große Auswahl von Literatur über die Channel Islands, u. a. die Bücher der Folklorespezialistin Marie de Garis. *23–25 Pollet*

HIDEAWAY PATISSERIE (U E3) (𝑚 e3)

Sie wollen sich zu einem Picknick in einen der Parks von St. Peter Port setzen,

Espresso oder Nightcap: Das Christie's ist von früh bis spät ein Anlaufpunkt

etwa Cambridge oder Candie Gardens? Oder sich mit den besten Sandwiches des Hauptstädtchens ausrüsten? Diese tolle Bäckerei im nördlichen Teil der High Street macht neben österreichischen Backwaren die besten *Guernsey crab ciabattas. Tgl. | Le Pollet*

LITTLE GINGER EN PROVENCE

(U E3) (🗺 e3)

Gibt es Guernsey-Chic? In dieser schönen Boutique einer Wahlguernseyanerin aus Paris kommen Sie Kanalinselmode aus französischem Blickwinkel auf die Spur. Das Tollste ist, dass die Kleider, Taschen und Accessoires etwa der Marken Orla Kiely, Matt & Nat und Wunderwerk **INSIDER TIPP** aus ökologischem und fairem Blickwinkel zusammengestellt sind. Manches ist sogar vegan hergestellt. *8 The Pollet*

FREIZEIT & SPORT

BEAU SÉJOUR CENTRE

(U D–E1) (🗺 d–e1)

Pool, Fitnessräume, Squash, Tennis, Badminton, Bar und Restaurants sowie Rollerskaten für Kinder. *Tgl. 7–23 Uhr | Amherst Road | Tel. 01481 747200 | www.beausejour.gg*

BUMBLEBEE BOAT CRUISES

(U E2–3) (🗺 e2–3)

Mit einem kleinen, gelben Flitzer, der Hummel heißt, können Sie von St. Peter Port aus die Küste erkunden *(45 Min. 20 £)* oder sogar andere Inseln ansteuern. *www.bumblebee.gg*

THEMENTOUREN ZU FUSS

Annette Henry führt ganzjährig Spaziergänge, u. a. eine „Ghost Tour". Zu den gruseligen Abendgängen während der dunkleren Jahreszeiten gehört ein Dinner *(24 £)*. Auch Gill Girard bietet Rundgänge zu verschiedenen Themen an. *Tel. 01481 263755 | www.annettehenrytours.gg, www.gillgirardtourguide.com*

AM ABEND

Es gibt viele lokale Bands und klassische Konzerte und Livesessions sorgen bei der Abendgestaltung für die Qual der Wahl. An Wochenenden kommen Bands aus Südengland oder Jersey. Was aktuell an Liveacts und Clublife auf dem Programm steht: *short.travel/kai16*

BARBADOS BEACH CLUB

(U E2) (🗺 e2)

Legerer Club-Style, Tanzflächen, aber auch Lounges zum Hinsetzen und Reden.

Bunt und nicht nur fürs Jungvolk gedacht. *Lower Pollet*

CHRISTIES (U E3) *(𝄞 e3)*

Vorne ein französisches Bistro mit netter Musik, hinten ein populäres ❧ Restaurant mit Blick über den Hafen von St. Peter Port und an mehreren Abenden in der Woche handgemachte Livemusik von lokalen Talenten. *Le Pollet | Tel. 01481 72 66 24 | www.christies.gg*

THE DOG HOUSE (131 E4) *(𝄞 E5)*

Mehrmals in der Woche gibts Auftritte von Livebands, dazu genießt man leckere Kleinigkeiten. Die lokale Musikszene von Folkrock bis Indie ist gut vertreten. Tischreservierung ratsam! *Rohais | Tel. 01481 72 13 02 | www.doghouse.gg*

LES FOLIES D'AMOUR (U E3) *(𝄞 e3)*

Ältester Nightclub der Stadt, Guernseyanern aller Generationen ein Begriff. Hat meist am längsten geöffnet. *North Plantation*

SHIP AND CROWN (U E3) *(𝄞 e3)*

Großes Pub, in dem es meist hoch hergeht. Unter allerlei Bildern von Schiffsunglücken an den Wänden trinkt man und ist lebhaft. *North Esplanade*

ÜBERNACHTEN

BEST WESTERN HOTEL DE HAVELET (U E4) *(𝄞 e4)*

Gediegenes Hotel mit Blick auf Castle Cornet und den Hafen. *34 Zi. | Havelet | Tel. 01481 72 21 99 | www.dehaveletguernsey.com | €€*

THE MARTON PRIVATE HOTEL (U D4) *(𝄞 d4)*

Preiswerte Unterkunft in einem Wohnhaus mit Parkanlage am Südwestrand des Zentrums. *28 Zi. | Les Vardes | Tel.*

01481 72 09 71 | www.martonhotel.pandorahotel.co.uk | €

THE OLD GOVERNMENT HOUSE HOTEL ❧ (U E3) *(𝄞 e3)*

Altes Haus mit fein renovierten Räumen, Spa, Bar, Restaurants, Pool und zahllosen entzückenden Details; man fühlt sich wie bei betuchten Verwandten daheim. Und die sprechen auch noch Deutsch! *68 Zi. | Ann's Place | Tel. 01481 72 49 21 | www.theoghhotel.com | €€€*

LES ROCQUETTES (131 E4) *(𝄞 E5)*

Ein Hotel, dessen Alter charmant bewahrt und das behutsam aufgehübscht wird. Pool, Parkplatz, lebhafte Bar, große Zimmer, gemütliche Lounges. Gefühlt eher vier als drei Sterne. *50 Zi. | Les Gravees | Tel. 01481 72 21 46 | www.lesrocquettesguernsey.com | €€–€€€*

ST. GEORGE'S GUEST HOUSE (U E1) *(𝄞 e1)*

Nur ein paar Gehminuten vom Hafen am Wasser (❧ Zimmer mit Meerblick gegen Aufpreis). Sauber, freundlich und gutes Frühstück. In dieser Preisklasse fast konkurrenzlos in St. Peter Port. *20 Zi. | St. George's Esplanade | Tel. 01481 72 10 27 | www.stgeorges-guernsey.com | €*

ST. PIERRE PARK HOTEL (131 E4) *(𝄞 E5)*

Geräumiges Viersternehotel mit Balkonen in schönem Landschaftspark 2 km vom Hafen. Mit 9-Loch-Golfplatz. *131 Zi. | Rohais | Tel. 01481 72 82 82 | www.worldhotels.com/stpierre | €€€*

AUSKUNFT

GUERNSEY TOURIST INFORMATION (U E3) *(𝄞 e3)*

North Esplanade | Tel. 01481 72 35 52 | www.visitguernsey.com

ALDERNEY

Warum Alderney? Weil es existiert, sagen Inselsammler. Weil es so ganz anders ist als seine Geschwister. Die Insel ist keine offensichtliche Schatzinsel wie Guernsey, zu dem das etwa 5,5 mal 3 km kleine Eiland verwaltungstechnisch gehört.

Die Atmosphäre ist entspannter als im 32 km entfernten Guernsey. Dafür tobt zwischen der 15 km entfernten Normandie und Alderney Europas reißendster Gezeitenstrom: „The Race" schafft bis zu zwölf Knoten! Alderneys Schiffsfriedhof ist stiller Beweis. Aktuell untersucht man, ob durch ein Gezeitenkraftwerk Kapital daraus zu schlagen ist, dass die Kanalinseln inmitten von über zehn Prozent der weltweiten Gezeitenpower liegen. An einem anderen Strom verdient Alderney

bereits gutes Geld: Das weltweite Internetglücksspiel strömt virtuell durch die Insel, weil es hier weder für die registrierte Firma noch für den Gewinn Steuer zu entrichten gilt. Mit den Konzessionen peppt die Insel ihre Infrastruktur auf.

In seiner Gemütlichkeit und der enormen Anzahl kriegstechnischer Befestigungen liegt die Anziehungskraft des Eilands, dessen Fans die Inselbevölkerung von 2000 Ew. im Sommer leicht verdoppeln. Seit den Zeiten Napoleons haben Engländer und deutsche Besatzer die Insel zum Bollwerk aufgerüstet. Die Viktorianer verbauten zumeist Granit aus Inselsteinbrüchen, die Deutschen mischten im Zweiten Weltkrieg Beton. Viele Stammgäste nisten sich auf dem großen Zeltplatz ein, stöbern in Bunkern, nehmen

Eine Insel der „Hobbyisten": Britische Skurrilität ist Trumpf auf der nördlichsten der fünf Inseln

Sandbuchten in Besitz, schauen den Tausenden von Tölpeln bei ihren Flugmanövern und den Millionen von Küstenblumen und wilden Orchideen beim Wachsen zu.

Kein Alderneyfan käme auf die Idee, eine Insel sei etwas anderes als ein Paradies, wo man auf exzentrische Art seine Zeit verschwendet. Etwa indem man zum Spaß mit der kleinen Eisenbahn fährt. Der Zugdienst wird von Freiwilligen aufrechterhalten. Genau wie das Museum. Oder der Schiffswrack-Tauchdienst. Oder der Vorführdienst im Kino. Oder die Besatzung des Lifeboats. Alderney ist ein Inselstaat aus eifrigen Hobbyisten.

Allerdings sind einige Jobs auch ernsthafter Natur, etwa der des gewählten Präsidenten der States of Alderney, der zehn Abgeordneten vorsteht. Von 1940 bis zum 16. Mai 1945 annektierte die deutsche Wehrmacht die Insel; die Bevölkerung flüchtete kurz zuvor ins Exil, vor allem nach Schottland. Die etwa 370 Kühe der Alderney-Rasse wurden nach Guernsey gebracht. Die Nazis errichteten ein

Konzentrationslager, das sie Sylt nannten. Häftlinge und Zwangsarbeiter mussten die Küste mit 30 000 Sprengkörpern verminen und um die 50 Bunkeranlagen aus Beton gießen, von denen viele bis heute überlebt haben. Viktorianische Forts und Nazibunker geben Alderney teilweise das Gepräge einer aufgelassenen Festung.

Die vom milden Golfstrom gestreichelte Flora der Insel hinterlässt einen friedvol-

tischen Humors denn als ernsthaftes Gesprächstabu zu verstehen. Ressentiments: Fehlanzeige.

SEHENSWERTES

ALDERNEY RAILWAY ★
(132 B–C1) (🗺 N–O 1-2)

Alderney hat als einzige Kanalinsel noch eine funktionierende Eisenbahn. Sie führt etwa 3 km vom Granitsteinbruch

Die 12 000 Tölpel auf Les Etacs bekommen im Sommer Besuch von 3000 Papageitauchern

leren Eindruck. Besonders viele Blumen blühen gelb und so überzieht von Ostern bis Herbst ein gelber Hauch Alderney. In vielen Gärten wachsen Pflanzen aus dem Mittelmeer- und sogar aus dem Pazifikraum. Bis zu 1000 Wildpflanzen blühen auf dem Eiland, wovon etwa 200 Winterblüher sind.

Und wie wird man auf der Insel als Deutscher begrüßt? „Don't mention the war" steht über dem Tresen des Pubs Marais Hall geschrieben. Das erinnert zwar an die leidvolle Zeit der Besetzung durch die Nazis, ist aber eher als Ausdruck des bri-

Mannez Quarry zum Braye Harbour. 1847 machte sie ihre erste Fahrt und transportierte fortan Granit vom Steinbruch für den Bau der Victorian Forts und des Hafendamms (breakwater). Ende 1911 stürzte ein Zug von der Mole ins Meer, ohne dass es Todesopfer gab. Seit 1985 ist die Diesellok Elizabeth in Betrieb und seit 2001 ersetzen zwei Aluminiumwaggons der Londoner U-Bahn von 1959 die alten Eisenwaggons, die der Korrosion durch das salzige Ambiente zum Opfer gefallen waren. Im Juli und August verkehrt jeden Sonntag zusätzlich ein Minizug auf einem etwa 400 m langen, schmaleren Gleiskörper – ein Spaß insbesondere für Kids. *Ostern und Mai–Sept. So, Juli/Aug. auch Sa 14.30 und 15.30 Uhr | 5 £ | www. alderneyrailway.com*

ALDERNEY SOCIETY MUSEUM ⭐
(132 B2) (*⌖ M2*)

Das rührige Museum begann als private Sammlung des Töpfers Peter Arnold. In den Vitrinen sind Puzzlestücke zur Historie Alderneys ausgestellt. Man erfährt vieles zur deutschen Besatzungszeit, über die mögliche römische Vergangenheit der Insel und über die Ausrüstung der Schiffe, die in den gefährlichen Gewässern rund um die Insel seit Jahrhunderten auf Grund laufen. Highlights sind die Fundsachen aus einem elisabethanischen Wrack. Das Museum erweitert ständig seine Sammlung mit vor Ort gefundenen Artefakten oder Schriftstücken wie Tagebuchaufzeichnungen von Zwangsarbeitern während der deutschen Besatzung. *April–Okt. tgl. 10–12, Mo–Fr auch 14.30– 16.30 Uhr | 3 £ | Lower High Street | St. Anne | www.alderneysociety.org*

BRAYE HARBOUR (132 B1) (*⌖ M1–2*)

Der kleine, geschäftige Hafen wird von einer langen Mauer geschützt. 1847 bauten die viktorianischen Garnisonen das Breakwater, von dem heute noch 870 m stehen. Es lohnt sich ein Morgen- oder Abendgang darauf, wozu Angler ihre Rute mitnehmen sollten, denn am Breakwater beißen die Fische gut. Alderney ist seit Jahrhunderten für seine großen Meeraale bekannt. Der größte Meeressäuger, der die Braye Bay besucht, ist der bis zu 13 m große, Plankton fressende Riesenhai. Eine Zeile mehrstöckiger Reihenhäuser mit pastellfarbenen Fassaden ist ein Überbleibsel aus der Zeit, als der Hafen der heutigen Metropole St. Anne noch den Rang ablief.

CINEMA 🟠 (132 B2) (*⌖ M2*)

Jede Filmvorführung in Alderneys Kino wird von einer Zwangspause unterbrochen: Weil es nur ein tragbares Vorführgerät gibt, bleibt beim Spulenwechsel die Leinwand dunkel. Das Publikum erhebt sich von den 90 Plätzen und strömt über die Straße an die Zapfhähne des Georgian House. Nach einer Weile ruft eine Glocke die Filmfans zurück. Die Kinolautsprecher sind Museumsstücke. *6 £ | Victoria Street | St. Anne | alderneycinema.co.uk*

LONGIS BAY UND LONGIS NATURE RESERVE (132 C1) (*⌖ N–O2*)

Die schöne Badebucht im Südosten der Insel wird von einem mächtigen, aber fast anmutig wirkenden Nazibauwerk beherrscht. Die Panzerabwehrmauer begleitet den etwa 800 m langen Sandstrand und bietet den besten Windschutz auf Alderney. Abends zusammen mit

Inselidyll: Friedhof und Kirche in St. Anne

ST. ANNE (132 B2) (𝄞 M2)

Auf der kleinen Insel wirkt der den zentralen Hügel besetzende Ort wie Metropolis. Rustikale Granithäuschen und unebenes Kopfsteinpflaster lassen an den Charme der nahen Normandie denken. Zentrum von St. Anne ist die Einkaufsmeile Victoria Street. Einen Besuch wert sind Friedhof und Kirche. Im *Alderney Post Office (18 Victoria Street | www.guernseystamps.com)* können Sie Alderney-Briefmarken kaufen. Die Naturmotive – Vögel, Pilze, Blumen – sind ein schönes Inselsouvenir.

VICTORIAN FORTS ★

Ein ganzes Dutzend beeindruckender Forts klotzten die Engländer zwischen 1840 und 1865 an die Inselküste. Die Befestigungen sollten Invasionsgelüste bei Napoleon III. gar nicht erst aufkommen lassen. Heute kann man die meisten Forts nur von außen bewundern, da einige in Privatbesitz sind, andere von der Flut abgeschnitten werden oder das Betreten der Ruine gefährlich ist.

Der Südflügel und der Moroccan Room von *Fort Corblets* (132 C1) (𝄞 O1) in der Corblets Bay können als Ferienwohnung gemietet werden *(ab 1000 Euro/Woche | www.fortcorblets.co.uk)*. *Fort Tourgis* (132 A2) (𝄞 M2) westlich der Crabby Bay ist das größte Bollwerk. Bislang gibt es noch keine neue Nutzung für diese träumende Trutzburg. In *Fort Doyle* (132 B1) (𝄞 M2) dagegen trainiert der Boxclub der Insel.

Fort Clonque (132 A2) (𝄞 L2) schließlich gehört dem britischen Landmark Trust und zählt zu den wohl phantastischsten Herbergen ganz Großbritanniens. Abenteuerlustige Gruppen von bis zu 13 Personen können in die spartanischen Räume einziehen *(4 Nächte ab 1000 Euro)*. Es gibt eine richtige Zugbrücke, natürlich einen Flaggenmast, eiserne Betten, eine

dem richtigen Partner und einer Flasche Wein gegen den aufgeheizten Beton zu lehnen, bietet trotz der gruseligen Historie des Inselbetons eine wunderbare Entspannung. Am Westende der Bucht steht die *Nunnery,* ein altes Militärgebäude. Hier fand man etliche römische Spuren, die nahelegen, dass schon die Römer hier im 4. Jh. einen Bootsstützpunkt unterhielten.

Hinter der Longis Bay hat der rührige Wildlife Trust einen Ansitz für die Vogelbeobachtung eingerichtet, von dem aus sich das gefiederte Treiben im 105 ha großen *Longis Nature Reserve* gut studieren lässt. Star der Pflanzenwelt ist das Kleine Knabenkraut (Orchis morio); diese im Frühjahr blühende, violette Orchideenart bringt es allein auf Alderney auf rund 10 000 Stück. *www.alderneywildlife.org*

Lounge mit offenem Feuer und eine riesige Küche. Das Meer donnert gegen die Grundmauern, der Zugang über einen *causeway* ist bei starkem Segang manchmal für Stunden überflutet. *www.land marktrust.org.uk*

VOGELINSELN (132 A2–3) (*M L3*)

Alderneys Westküste und vorgelagerte Riffe und Inseln sind als schützenswertes Ramsar-Feuchtgebiet für Wasser- und Watvögel anerkannt. In der *Telegraph Bay* und auf den Felsengruppen *Les Etacs* und *Ortac* brüten im Sommer über 6000 Tölpelpaare. Dazu kommen andere Seevögel wie etwa Papageitaucher (bis Mitte Juli) und Sturmschwalben auf der Insel *Burhou*. Die Brutplätze können mit Ausflugsbooten besucht (aber nicht betreten) oder mit der Webcam beobachtet werden. Tickets: *McAllister's Wet Fish Shop | Victoria Street | St. Anne | Tel. 01481 82 36 66 | short.travel/kai4*

WILDLIFE TRUST BUNKER ★ ● (132 B2) (*M M3*)

Der umgebaute Bunker an der Südküste ist heute ein Infozentrum für an Fauna und Flora Interessierte, der ehemalige Generatorraum ist mit Schautafeln bestückt. Von der Schieß- und Beobachtungsbrüstung aus erschließen sich das Gleiten der Tölpel, die Flugmanöver der Eissturmtaucher und die Jagdattacken der Mantelmöwe. Ferngläser liegen bereit. *Tgl. 8 Uhr–Sonnenuntergang | Eintritt frei | Val du Saou | www.alderneywildlife.org*

ESSEN & TRINKEN

BRAYE CHIPPY (132 B1) (*M M–N2*)

Wenn Alderneyer gute *fish 'n' chips* essen wollen, gehen sie in dieses einfache Lokal am Hafen. *Tgl. | Braye Harbour | Tel. 01481 82 34 75 | €*

BUMPS BAR & BISTRO (132 B1) (*M M–N2*)

Proteine, Proteine: Feine Filets und halbe Hummer füllen die Teller direkt am Hafen; außerdem gibts Tapas. *Mi geschl. | Braye Harbour | Tel. 01481 82 31 97 | €€*

GEORGIAN HOUSE (132 B2) (*M M2*)

Die gute kulinarische Adresse ist neu gestylt. Der große Saal hat Atmosphäre, die Speisekarte ist international, das Publikum das Who's who der Insel. *Tgl. | Victoria Street | St. Anne | Tel. 01481 82 24 71 | €€*

MARAIS HALL (132 B2) (*M M2*)

Gemütliches Traditionspub mit deutschem Koch. Bei leckerem Steak und Hummer rücken Einheimische und Besucher eng zusammen. *Tgl. | Marais Square | St. Anne | Tel. 01481 82 26 83 | €*

FREIZEIT & SPORT

GOLF (132 B1–2) (*M N2*)

Am Ortsrand von St. Anne steht der 9-Loch-Platz Besuchern offen. *Tel. 01481 82 28 35*

LOW BUDGET

Für nur 12,50 £ lauscht man entspannt den tragischen und komischen Momenten der Inselhistorie während der zweistündigen Fahrt mit dem Inselbus von St. Anne. *Di–Do 14 Uhr*

Geld sparen können Sie auf dem einzigen Campingplatz der Insel, dem *Saye Beach Camping (Zelt 5 £/Person | www.sayebeachcamping.co.uk)* bei der schönen Saye Bay.

HEDGEHOGSPOTTING

Nachts kann man einem weiteren Insel-kuriosum nachspüren: Ein Viertel aller Inseligel sind blond. Wahrscheinlich hat der Import eines stachligen Haustiers vom Nobelkaufhaus Harrods in London für die höchst ungewöhnliche Verbreitung der sonst seltenen Igelfärbung gesorgt. Man sieht sie nachts im Schein der Taschenlampe.

MEDITATION CENTRE LA TRIGALE
(132 B2) (*M2*)

Auf Alderney funktioniert Wellness über Meditation. Angeleitete, halbstündige Sitzungen *(Mo, Mi und Fr 14.15 Uhr | kostenlos)* bietet das kleine Zentrum in einem schönen Garten mit buddhistischen Motiven an – und hinterher gibts Tee und Kaffee. *7, La Trigale | Tel. 07781 42 66 10*

RADFAHREN

Das Fahrrad ist ein ausreichendes Transportmittel für Alderney. In St. Anne finden Sie Anbieter *(Miete ab 11 £/Tag, E-Bike 20 £). www.cycleandsurf.co.uk, www.automotionalderney.com*

WANDERN

An einem Tag lässt sich die kleine Insel bequem zu Fuß umrunden. Am schönsten sind der Küstenpfad im Westen und die Buchtenroute zwischen Saye Bay und Longis Bay im Nordosten.

STRÄNDE

Die besten Badestrände sind *Braye Bay* (132 B1) (*N2*) und zum Sandburgenbauen *Saye Bay* (132 B–C1) (*N1*) mit Campingplatz, *Corblets Bay* (132 C1) (*N–O1*) zum Surfen mit Liegebrett, *Longis Bay* und *Arch Bay* (132 C1) (*N–O2*) sind gut für Kinder geeignet. *Saline Bay* (132 A–B1) (*M2*) ist schön zum Schauen und Forschen, zum Schwim-

men aber zu gefährlich. Der felsige *Clonque Beach* (132 A2) (*M2*) lädt ein zum Entdecken von Seesternen, Seeanemonen, Krebsen und einer Garnelenart, die ihre Farbe der Umgebung anpasst.

AM ABEND

Für die geringe Größe der Insel ist das Nachtleben erstaunlich. Manch ein eng-

lischer Besucher kommt eigens zum ⭐ *Kneipenbummel* her. Unten am Hafen (132 B1) (*M2*) trifft man im Pub *Divers Inn* die Einheimischen, läuft dann ein paar Hundert Meter stadteinwärts und beim Restaurant First & Last nach links zum *Harbour Lights* in Newtown. Der Gang hinauf nach St. Anne dauert 20 Minuten, lohnt sich aber, da die Kneipen auf Victoria und High Street (132 B2) (*M2*) im Sommer brummen. Im *Campania* und *Coronation* geht die Post ab. Ruhiger essen und trinken lässt es sich im *Marais Hall*.

ÜBERNACHTEN

BON JOUR GUEST HOUSE

(132 B2) ( M2)

Sie wohnen preiswert mitten im beschaulichen, charmanten Hauptort St. Anne. Das B & B ist trotzdem recht ruhig und kann auch mit Halbpension gebucht werden. *6 Zi. | 16 High Street | Tel. 01481 82 21 52 | €*

Zi. | Les Mouriaux | Tel. 01481 82 20 75 | www.farmcourt-alderney.co.uk | €€–€€€

FORT CORBLETS (132 C1) ( O1)

Sind Sie zu viert und möchten für eine Woche (ab 1200 Euro) in einem typischen viktorianischen Fort wohnen? Dann beziehen Sie dieses klotzige Domizil mit viel Platz in großartiger Küstenlage! *Tel. 01481 82 37 30 | www.fortcorblets.co.uk*

Die felsige Clonque Bay an Alderneys Nordküste: Tummelplatz für Krebse, Seesterne und Garnelen

BRAYE BEACH HOTEL (132 B1) ( M2)

Das größte und feinste Hotel der kleinen Insel, moderne Gemütlichkeit mit feinem Restaurant und sogar einem Kino für Sturmtage. *27 Zi. | Braye Street | Tel. 01481 82 43 00 | www.brayebeach.com | €€€*

FARM COURT GUEST HOUSE

(132 B2) ( M2)

Urgemütlich – die geweißelten Steinmauern kontrastieren mit modernem Licht und ausgesuchtem altem Mobiliar. Die Malerei stammt vom Hausherrn. *6*

VILLA MONDRIAN (132 B2) ( M2)

Weiße Villa im Bauhausstil am Nordrand von St. Anne. Die vier modernen Zimmer erinnern farblich an den Namen gebenden Maler. Mit Terrassen, ohne Frühstück – schön privat. *Fontaine David | Tel. 07911 72 37 03 | www.villamondrian.com | €€*

AUSKUNFT

TOURIST INFORMATION CENTRE

(132 B2) ( M2)

Victoria Street | Tel. 01481 82 23 33 | www. visitalderney.com

HERM & SARK

Die beiden Inseln werden teilweise von Guernsey verwaltet und liegen östlich der Mutterinsel. Doch wie verschieden sind sie im Temperament!

Als „Feenschloss voller Wunder" beschrieb Victor Hugo Sark, wohin er während seines Guernseyexils reisen durfte. Der Trutzfelsen im Atlantik wirkt unnahbar wie eine verwunschene Festung, während das viel kleinere Herm tatsächlich wie das Trugbild einer Südseeinsel anlockt. Beide Inseln erreichen Sie per Fährboot von St. Peter Port aus – was sie zu spannenden Tageszielen macht.

Auf beiden Inseln ist Autoverkehr tabu, auf Herm sogar auch das Fahrradfahren. Einheimische sind mit Traktor, Pferdekutsche oder Quadbike (auf Herm) unterwegs. Einen aktiven Tag im Schritttempo zu verbringen und einen Einblick in zwei sehr unterschiedliche Welten zu gewinnen sind Gründe genug, sich einzuschiffen.

HERM

Die kleinste Kanalinsel ist 2 km² groß und wird von 60 Menschen bewohnt. Es gibt ein Hotel sowie einige Pubs und Restaurants für die etwa 65 000 Besucher im Jahr, aber auch eine Schule für Kinder bis zehn Jahre.

Denn schon die letzten Pächter der flachen, sandstrandgesäumten Insel, die neuseeländische Familie Wood (seit 1949), stellten gern Inselangestellte ein, die als Paar mit Kind kamen. Guernsey

Keine Autos, kein Stau, kein Lärm: das verträumt-romantische Sark und der Traum vom Paradies auf Herm

als Besitzer Herms überlässt die Einstellungen für die Jobs im Besuchergeschäft den Pächtern.

Nachdem die Neuseeländer – Familienoberhaupt Peter Wood ruht in einem kleinen Mausoleum auf Herm – 2008 die letzten 40 Jahre ihres Pachtvertrags an eine Stiftung verkauften, hat sich für Reisende nicht viel geändert. Herm muss nach wie vor Urlaubsfreuden genügen, so will es der Vertrag. Zwei Inselgärtner sorgen für den blühenden Anblick Herms, ein Inselgouverneur betreut die sieben

Brunnen und Dieselgeneratoren für Wasser und Strom.

Das kleine Dorf mit dem von mediterranen und pazifischen Pflanzen umgebenen White House Hotel, mehreren Pubs und Souvenirgeschäften bildet die touristische Keimzelle Herms. Danach kommt nur noch herrlichste Strandnatur, die Sie auf einem zwei- bis dreistündigen Rundweg erlaufen können. Wer sich ins Inselzentrum verirrt, wird auf Überreste von neolithischen Megalithgräbern und eine schön restaurierte Kapelle mit Garten

Stilvoll, aber kein Schnäppchen: Self-catering Cottages wie Herm Manor

treffen, die auf die Zeit normannischer Mönche zurückgeht, welche sich wohl schon vor 1400 Jahren der intensiven Sonnenstrahlung über Herm aussetzten.

FÄHRE

Die Gezeitenspanne erfordert zwei Anlegestellen. Bei Flut erreicht die Fähre Herm Harbour, bei Ebbe die Rosaire Steps. Die 20-Minuten-Überfahrt (mehrmals täglich ab 8.30 Uhr) beginnt im Hafen von St. Peter Port. Das Ticketoffice *(Mai–Sept. tgl. 8–17.15 Uhr)* ist an der Weighbridge, einem Ausweichanleger. Auskunft: *Tel. 01481 72 13 79 | www.herm. com | 12,50 £, um 8.30 Uhr 10 £ hin und zurück*

SEHENSWERTES

LE MANOIR (MANOR HOUSE)

(130 A1) (*ɯ J4*)

1891 kaufte Prinz Gebhard Lebrecht Blücher von Wahlstatt die Insel. Er verlieh dem Herrenhaus und der Kapelle durch Umbauten ihr herrschaftliches Gesicht. Nach Ausbruch des Ersten Weltkriegs wurde er als gebürtiger Preuße von der Insel verwiesen. Heute ist das Anwesen Domizil der Pächter und nicht zu besichtigen. Beherrscht wird es von einem mächtigen Turm, ringsherum verteilen sich die Cottages der Inselbewohner, Schule, Kapelle und Ferienwohnungen.

POINT SAUZEBOURGE ☆

(130 A2) (*ɯ J4*)

Der südlichste Punkt der Insel erhebt sich mit bis zu 70 m hohen Klippen aus dem Meer und gewährt einen direkten Blick auf die Privatinsel Jethou.

ST. TUGUAL'S CHAPEL **(130 A1) (*ɯ J4*)**

Die kleine Kapelle geht bis aufs 11. Jh. zurück. In den Fenstern verewigten die Woods Strände, Kühe und die Pinien von Herm. Ihr Grab befindet sich auf dem kleinen Friedhof vor der Kapelle.

ESSEN & TRINKEN

MERMAID PUB **(130 A1) (*ɯ J4*)**

Pubfood von Chili con Carne bis zu *baked potatoes.* Im Sommer Treff zum Barbecue im Innenhof. *Tgl. | Tel. 01481 71 01 70 | €*

SHIP BAR **(130 A1) (*ɯ J4*)**

Maritimes Ambiente, Snacks, Five o'Clock Tea am Kamin. *Tgl. | Tel. 01481 72 21 59 | €*

WHITE HOUSE HOTEL RESTAURANT ☆ **(130 A1) (*ɯ J4*)**

Blick auf den Hafen, den Sonnenuntergang und die Lichter von Guernsey. Dazu gute Küche und umfangreiche Weinauswahl. *Tgl. | Tel. 01481 72 21 59 | €€*

STRÄNDE

BELVOIR BAY ✂ (130 B1) (ⓜ J–K4)

Wie ein Halbmond liegt die Belvoir Bay an der Ostküste. Das Meer rauscht, der Strand ist so intim, dass man ihn nie mehr verlassen möchte. Blick auf die 40 km entfernte Normandie. Café.

SHELL BEACH ⭐ (130 A1) (ⓜ J3–4)

Der traumhafte Strand mit Sommercafé und mit bei Sonne türkisfarbenem Meer ist das eigentliche Highlight der Insel. Der puderfeine Sand ist in diesem Teil der Welt genauso eine Überraschung wie die zahlreichen Muschelarten, die man am Gezeitensaum findet. Wer sich dabei schlau machen möchte, ersteht die `INSIDER TIPP` informative Broschüre „Fifty Sea Shells from Herm Island" an einem der Strandkioske.

ÜBERNACHTEN

SEAGULL CAMPSITE ✂

(130 A1) (ⓜ J4)

Gute Alternative für Familien: zelten auf der „Berg"-Kuppe von Herm mit Blick aufs Meer. Das Equipment muss nicht mitgeschleppt werden – ein Familienzelt können Sie für 73 £ pro Tag mieten; Selbstzelter zahlen 8,50 £ pro Person. *Tel. 01481 72 23 77 | www.herm.com/camping*

SELFCATERING COTTAGES

(130 A1) (ⓜ J4)

20 hübsche Refugien für den Ausstieg auf Zeit, z. B. das ✂ *Upper Belvoir Cottage* oder das weiße *Fisherman's Cottage* mit eigenem Strand. Ein Haus für vier bis sechs Personen kostet im Sommer ab 1000 Euro pro Woche. *Tel. 01481 72 23 77 | www.herm.com/holiday-cottages*

WHITE HOUSE HOTEL

(130 A1–2) (ⓜ J4)

Flatternde Fahnen vorm Haus, Hortensien im Garten, Deckchairs auf gepflegtem Rasen – very British und stilvoll. Nur mit Halbpension und nur von April bis September! *40 Zi. | Tel. 01481 72 21 59 | www.herm.com/hotel | €€€*

AUSKUNFT

TOURISTENINFORMATION

(130 A1) (ⓜ J4)

Am Hafen | Tel. 01481 75 00 00 | www.herm.com

SARK

Das Plateau ist 5,5 km² groß, 110 m hoch und thront wie eine Krone über der See.

⭐ **Shell Beach**
Karibikfeeling auf Herm: Pudersand mit weißen Muscheln → S. 91

⭐ **La Coupée**
Zwischen Himmel und Erde: Der schwindelerregende Grat mit Ausblick verbindet Sark mit Little Sark → S. 93

⭐ **La Seigneurie**
Rosenrondell, Heckenlabyrinth, Blütenpracht – Sinnenrausch für Botaniker und Blumenliebhaber auf Sark → S. 94

⭐ **La Sablonnerie**
Countryhotel in uraltem Cottage auf Sark: Wer nicht über Nacht bleibt, nimmt im Teegarten Platz → S. 97

MARCO POLO HIGHLIGHTS

Seit dem 16. Jh. wurde Sark in Erbfolge von einem Seigneur regiert. Der Inselherr Michael Beaumont gebot über knapp 600 Ew. und stand dem Inselparlament vor. Erst seit 2008 wird demokratisch gewählt.

Manches mutet an wie aus dem Mittelalter: Es gibt weder Kranken- noch Rentenversicherung – im Alter springen die Familien ein. Nur noch zwei Farmer existieren auf der Insel, ihre Guernseyherde – keine andere Rasse darf gehalten werden – liefert die sahnige Milch, die u. a. in Eis und Pralinen fließt. Ökologisches Gemüse wurde auf Sark schon vor dem Bioboom großgeschrieben, der Einsatz von Chemie und Dünger ist zum Schutz des Grundwassers verboten.

Früher ging Sark immer wieder durch die Medien wegen der rund 25 000 Briefkastenfirmen, die ihren Sitz auf der Insel genommen haben: Faxanschlüsse und Modems in Scheunen und Gewächshäusern ... Inzwischen gibt es dazu Einschränkungen: Ein „Firmendirektor" muss nun über sein Unternehmen wenigstens ansatzweise Bescheid wissen und eine Kommission verlangte, dass pro Kopf nicht mehr als 30 Posten angehäuft werden dürften.

Der größte Einschnitt in das feudale Leben geschah 2006. Die beiden Barclay-Brüder, Milliardäre, Besitzer des Londoner Ritz sowie einiger Zeitungen, hatten 1993 das zu Sark zählende Inselchen Brecqhou gekauft und es zu einer privaten Festung mit Garten ausgebaut. Dann nahmen sie sich Sark vor und hebelten mithilfe europäischer Gerichtsbeschlüsse alte Erbrechte und feudale Gepflogenheiten aus. Durch Pachterwerb – Kauf von Kronbesitz ist unmöglich – kontrollieren Sie inzwischen etwa ein Viertel Sarks und wandelten Agrarland in Weinanbauflächen um. Deshalb streben opponierende Sarkees nun ein Naturschutzgesetz an.

Auch bei Wahlen blieben Barclay-Gewährsmänner erfolglos, ihre Hotels haben die Brüder aktuell geschlossen. Tagebesuchern bleibt Sarks Zerrissenheit ob der fast neofeudalen Umtriebe verborgen, es sei denn, man unterhielte sich etwa mit Kutschfahrern, die Fährtouristen von Sark über den grandiosen *causeway* La Coupée nach Little Sark fahren. Auf dem unasphaltierten Inselplateau fahren keine Autos, nur Traktoren und Mietfahrräder. Viele gehen zu Fuß, schlendern über die „Avenue" mit Läden, Post, Boutiquen, Banken (kein Geldautomat!) – ein wunderbarer Tag in einer durch Cottages, Gärten und Waldstückchen gezähmten Wildnis mit immer wieder herrlichen Ausblicken auf eine gefühlt weit entfernte Welt.

FÄHRE

Die 50-Minuten Überfahrt (ab 8 Uhr mehrmals täglich, im Winter stark eingeschränkter Betrieb) beginnt am Pier der Sark Shipping Company in St. Peter Port und endet im Maseline Harbour auf Sark. Auskunft: *Tel. 01481 72 40 59 | www.sark shippingcompany.com | 28,50 £ hin und zurück, um 8 Uhr 24,20 £*

SEHENSWERTES

CREUX HARBOUR (132 C5) (*ɱ N6*)
Fischerboote sind vertäut, Yachten ankern. Der Hafen liegt neben Maseline Harbour, dem Haupthafen, mit dem er durch einen Tunnel verbunden ist. Im Sommer kreuzen hier geschmückte Boote beim Sark Water Carnival.

GOULIOT CAVES (132 B4–5) (*ɱ M6*)
Sark und Brecqhou trennt die Gouliot Passage, hier befinden sich Höhlen, die nur bei Ebbe (!) aufgesucht werden können. Sie sind Heimat zarter Seeanemonen.

LITTLE SARK (132 B5–6) (🗺 M7)

Steil fallen die Klippen bei ⭐ 🔱 *La Coupée* ins Meer. Der schmale Naturdamm trennt Little Sark von der Hauptinsel. Weite Blicke auf Buchten und das Tor in eine verzauberte Welt: Im Frühjahr leuchten Wildnarzissen, recken sich Brombeerhecken und alte Cottages. Wenn eine steife Brise weht, ist Standvermögen gefragt. Radfahrer und Kutschenpassagiere müssen vor dem schmalen Naturdamm absteigen. Erst 1945 wurde der 90 m über dem Meer liegende Übergang von deutschen Kriegsgefangenen betoniert. Zuvor war er durch die 1909 gebauten Geländer gesichert.

Im Südwesten wurde ab 1835 von Port Gorey aus Silber verladen. Zehn Jahre lang war Sark im Silberrausch, beschäftigte 80 Arbeiter in den Minen. 1847 wurde der Abbau eingestellt. Verblieben sind die von Gras überwucherten Kamine und Turmruinen. Am Südzipfel füllt die Flut eine populäre Felsbadewanne, den **INSIDER TIPP** *Venus Pool:* Bade- und Tauchfreude mit 5 m Tiefgang.

MASELINE HARBOUR (132 C4) (🗺 N6)

Die Bauarbeiten für den Tiefwasserhafen von Sark wurden erst 1949 nach Unterbrechungen im Zweiten Weltkrieg fertiggestellt. Hier ankern die Fähren, Gepäck und Güter werden verladen, Besucher gehen durch den Tunnel zum kleinen Vorplatz, werden ins Dorf gefahren oder wandern zu Fuß über den Harbour Hill (ein kleiner Weg läuft parallel zur Straße).

POINT ROBERT (132 C4) (🗺 N6)

Der 1912 gebaute Leuchtturm ragt an der Ostküste empor. Direkt hinter ihm können Sie auf die 🔱 Klippen steigen und den Panoramablick bis Maseline Harbour genießen.

Kutsche auf La Coupée: Die Leistung des ÖPNV auf Sark wird noch in PS und nicht in kW berechnet

PRISON (132 B4–5) (*📖 N6*)

Wächter des winzigen Zweizellengefängnisses sind der „Constable" und der „Vingtenier". Erst 2003 wurde erstmalig ein weiblicher Constable einberufen. Das Gefängnis ist Herberge für maximal 48 Stunden, größere Fälle (die es nie gab) werden nach Guernsey überstellt.

SARK OCCUPATION & HERITAGE MUSEUM (132 B4–5) (*📖 N6*)

Sammlung zur Inselgeschichte und Besatzung in der Rue Lucas. Unweit hiervon, an der Hauptstraße, liegt das winzige Museum der Société Sercquaise, das sich mit Herzblut Sarks Natur und Archäologie widmet. *Sommer Mo–Sa 11–13 Uhr | Eintritt frei, Spende erbeten*

LA SEIGNEURIE ⭐ (132 B4) (*📖 M6*)

Das schöne Herrenhaus war seit 1730 Amtssitz des Seigneurs – zum ersten Mal ist es verpachtet an jemanden, der es kenntnisreich renoviert. Ein echtes Juwel sind die weitläufigen ummauerten Gartenanlagen und der kunstvolle, kanalinseltypische Taubenturm (die Taubenhaltung war Privileg des Seigneurs). *April–Okt. tgl. 10–17 Uhr | 4 £*

ST. PETER'S CHURCH (132 B4) (*📖 N6*)

Für den Dumpingpreis von 1000 £ wurde 1820 die anglikanische Kirche der Insel gebaut. In den geschnitzten Kirchbänken

reservieren die mit Wappen bestickten Sitzkissen die Plätze der alten Sarkfamilien, der *tenants*.

WINDMÜHLE (132 B5) (*📖 N6*)

1571 gebaut, ist sie die zweitälteste Mühle der Britischen Inseln. Lange außer Betrieb, verfaulten die Hölzer und wurden von den Insulanern aufwendig restauriert, eine Besichtigung des Inneren ist jedoch nicht möglich. Die Mühle mahlte das Korn von Sark und steht auf der höchsten Inselerhebung in 110 m Höhe. Im nördlichen Türsturz befindet sich die wohl älteste Gebäudeinschrift der Inseln, die mit der Jahreszahl 1571 auf das Getreidemahlmonopol des damaligen Lehensmanns der Königin hinweist, Helier de Carteret. Die deutsche Wehrmacht hatte die Mühle enthauptet, um eine Aussichtsplattform zu gewinnen.

WINDOW IN THE ROCK ●/PORT DU MOULIN 🌿 (132 B4) (*📖 M6*)

Westlich der Seigneurie gelangen Sie nach kurzem Fußweg und Abstieg über Stufen zum Strand Port du Moulin mit einer schönen Felsformation. Gelb blühender Ginster kriecht über kleine Plateaus, Felsennabelkraut blüht aufrecht in Nischen. Kurz bevor die Stufen zur Bucht führen, zweigt der Pfad ab zum Window in the Rock, einem großen Felsfenster, das herrlich den Blick nach Westen rahmt. Herm und dahinter Guernsey sind gut zu erkennen. Reste einer Seilwinde erinnern noch an die Zeit, als die Bauern von Sark hier den Seetang vom Meer heraufzogen, um ihn als Dünger auszubringen.

ESSEN & TRINKEN

HATHAWAYS (132 B4) (*📖 M6*)

Direkt an die Gärten der Seigneurie angeschlossen, ist dieses Restaurant mit

Ein stilvoller „Regierungssitz": Herrenhaus La Seigneurie mit Rosengarten

seiner Terrasse ein idealer Anlaufort fürs Lunch. Lokale Produkte, globaler Appeal: Salate, Tapas, Couscous, Maritimes en masse. Wermutstropfen: der miserable Cappuccino. *Tgl. | Seigneurie Gardens | Tel. 01481 832208 | www.laseigneuriegardens.com/hathaways.html | €*

LA SABLONNERIE (132 B5) ( M7)

Frischer Hummer mit Orangen- oder einer leichten Champagnersauce? Dazu feldfrische Sarkkartoffeln und bissfestes Gemüse – in der Sablonnnerie dinieren Sie hervorragend. Zuvor trifft man sich zum Cocktail in der gemütlichen Bar. Das beste Restaurant der Insel! Nach dem Lunch wird im Teegarten weiter serviert. Die Barclay-Brüder sollen ein Pachtangebot gemacht haben, was Little Sark seiner Attraktion berauben könnte. *Tgl. | Little Sark | Tel. 01481 832061 | www.sablonneriesark.com | €€€*

CARAGH CHOCOLATES

(132 B5) ( M7)

Aus belgischer Schokolade und der fetten Milch von Guernseykühen zaubert die vielleicht kleinste Pralinenküche der Welt hinreißende Mitbringsel. Es gibt Seepferdchen in Schokolade, Champagnertrüffeln, Kirschwasserpralinen, Vanilleherzen. *Nördlich von La Coupée | www.caraghchocolates.co.uk*

LORRAINES POTTERY

(132 B4–5) ( N6)

Irdenes, Getöpfertes und Silberwaren von Sark. *The Avenue*

FREIZEIT & SPORT

BOOTSTOUREN

Dreistündige Bootstouren bietet der Seevogelspezialist George Guille an. Sie erfahren viel über Sarks wilde Küste und sehen Papageitaucher, Trottellummen und vielleicht sogar einen Delphin. *Tel. 01481 83 21 07 | ca. 38 Euro/Person*

FAHRRADVERMIETUNG

Das adäquate Fortbewegungsmittel, im Sommer reservieren! Ca. 11 Euro pro Tag. *AB Cycle (bei der Mermaid Tavern | Tel. 01481 83 27 90); Avenue Cycle Hire (The Avenue | Tel. 01481 83 21 02)*

INSIDER TIPP ▶ GARDEN WALKS

Afternoon tea in Cottagegärten: Im Sommer öffnen viele Insulaner ihre Grünoasen für Interessierte. Die Touren starten freitags um 14 Uhr an der Island Hall und enden mit einer *teatime* im zuletzt besuchten Garten. *3,50 £*

KUTSCHFAHRTEN ●

Kutschfahrten sind eindeutig die gemütlichste Art, die Insel zu erfahren. Kutschen warten an der Kreuzung La Collinette/Rue Lucas. *90 Min. 12,50 £ | Tel. 01481 83 20 27, 01481 83 21 35 | www.sark carriages.co.uk*

TAUCHTRIPS

Auf Tauchgängen Schiffswracks und bunte Fischwelten erkunden. Kontakt: *Andy Leaman | Tel. 01481 83 25 65*

STRÄNDE

Die enorm zerklüftete Steilküste der Insel garantiert viele abgeschiedene, traumschöne Buchten. Manche Strände sind über schmale Fußwege zu erreichen. Schon auf dem Weg eröffnen sich tollste Aussichten. Kein Café oder Kiosk stört das Strandidyll, weshalb Sie einen zuvor gefüllten Picknickrucksack dabeihaben sollten.

DIXCART BAY ☼ (132 B5) (*ØJ N7*)

Die Perle unter den Buchten an der Südküste. Ein Pfad führt zu einem Miniwasserfall und weiter zum Strand. Das kleine Felsentor ermöglicht den Wechsel der Bucht. Märchenhaft: Im Frühjahr überzieht ein Teppich blau blühender wilder Hyazinthen *(bluebells)* das *Dixcart Valley,* das hinunter zur Bucht führt. Aus dem verwunschenen Tal führen auch Pfade steil zur Nachbarbucht *Derrible Bay,* wo man bei Ebbe badet.

EPERQUERIE LANDING

(132 B4) (*ØJ M5*)

Abgelegener, kleiner Badestrand (bei Ebbe) im weniger besuchten Nordosten von Sark.

LA GRANDE GRÈVE ☼

(132 B5) (*ØJ M7*)

Der spektakulärste Strand der Insel! Viele Stufen führen von La Coupée hinunter, was ihn recht einsam macht.

LITTLE SARK BEACHES

(132 B5–6) (*ØJ M7*)

Vom Gartenrestaurant Sablonnerie im Zentrum Little Sarks führen Wege zum exquisiten *Venus Pool,* einem bei Ebbe zum Baden verlockenden Felsenpool im Süden. Rundpfade führen zu den Küstenfelsen von *Port Gorey,* wobei Sie auch an den Ruinen des kurzlebigen Silberabbaus im 19. Jh. vorbeikommen.

AM ABEND

Beliebter Treff ist die *Mermaid Tavern (Abzweig von der Rue Lucas),* Inseltreffpunkt die *Island Hall,* in der es Konzerte und Aufführungen gibt.

ÜBERNACHTEN

LA MARGUERITE (132 B5) *(M N6)*
Miss-Marple-reifes Cottage in „Citylage". Netter Familienbetrieb. *3 Zi. | Rue Hotton | Tel. 01481 83 22 66 | www.sercq.com | €*

LA SABLONNERIE ⭐ (132 B5) *(M M7)*
Wiederholt zum besten Country-House-Hotel Großbritanniens gekürt, ist das

wöhnt, auch bei Tisch. *20 Zi. | Le Manoir Valley | Tel. 01481 83 20 01 | www.stocks hotel.com | €€€*

SUE'S B & B AND TEA GARDEN (132 B4) *(M M–N6)*
Die Besitzer stammen von den ersten Siedlern vor 450 Jahren ab, können also viel erzählen. Der Teegarten ist idyllisch und man fühlt sich richtig zu Hause. Zen-

Birdwatching by boat: unterwegs mit George Guille vor Sark

Ensemble aus teils 400 Jahre alten Cottages ein Ort, um zur Ruhe zu kommen: kein Fernseher, dafür ein blühender Garten, exzellente Dinnerauswahl am Kamin und ein hübscher Teegarten mit Spezialitäten. Das Restaurant ist berühmt für seinen Hummer. *22 Zi. | Little Sark | Tel. 01481 83 20 61 | www.lasablonnerie.com | €€*

STOCKS HOTEL (132 B5) *(M N6)*
Landlust mit Luxus: Das Familienhotel liegt traumhaft inmitten des blühenden Zentrums von Sark. Sie fühlen sich ver-

tral neben der alten Mühle. *3 Zi. | Cae de Mat | Tel. 01481 83 21 07 | €*

LE VIEUX CLOS (132 B5) *(M M–N6)*
Kleines Gästehaus, freundliche Zimmer, drei ohne Bad. *6 Zi. | Rue du Moulin | Tel. 01481 83 23 41 | www.levieuxclos.co.uk | €*

AUSKUNFT

VISITOR CENTRE (132 B4–5) *(M N6)*
Le Manoir (neben dem Gefängnis) | Tel. 01481 83 23 45 | www.sark.co.uk

ERLEBNISTOUREN

① DIE KANALINSELN PERFEKT IM ÜBERBLICK

START: ① Somerville Hotel
ZIEL: ㉗ St. Peter Port

6 Tage
reine Busfahrzeit
ca. 4 Stunden

Strecke:
➡ **gut 280 km**

KOSTEN: ca. 900–1200/Person (Übernachtungen, Verpflegung, Eintritte, Radmiete, Bus)
MITNEHMEN: Fernglas

ACHTUNG: Stimmen Sie Ihr Programm am ersten Tag auf den Gezeitenkalender ab, um alle Ziele erreichen zu können.

Britisches Inselhüpfen vor Nordfrankreich par excellence! Dabei sind Sie entschleunigt und zugleich aktiv unterwegs: Von Jersey nach Guernsey und Sark streunen

Jeder Zipfel dieser Erde hat seine eigene Schönheit. Wenn Sie Lust haben, die einzigartigen Besonderheiten dieser Region zu entdecken, wenn Sie tolle Tipps für lohnende Stopps, atemberaubende Orte, ausgewählte Restaurants oder typische Aktivitäten bekommen wollen, dann sind diese maßgeschneiderten Erlebnistouren genau das Richtige für Sie. Machen Sie sich auf den Weg und folgen Sie den Spuren der MARCO POLO Autoren – ganz bequem und mit der digitalen Routenführung, die Sie sich über den QR-Code auf S. 2/3 oder die URL in der Fußzeile zu jeder Tour downloaden können.

Sie in einer Woche durch drei eigenwillige Inselplaneten mit Steilküsten, subtropischen Pflanzen und dramatischen Stränden.

Nachdem Sie sich im ❶ **Somerville Hotel → S. 51 in St. Aubin** einquartiert haben, ist – bei Ebbe! – der 500 m lange, befestigte Wattweg zum ❷ **St. Aubin's Fort → S. 48** ein idealer erster Spaziergang, denn Küstenforts im Watt sind ein Highlight Jerseys! **Über das Sträßchen am Hafen entlang gelangen Sie danach zum Einstieg in den Railway Walk**, der in anderthalb Stunden fern vom Verkehr bis

TAG 1
❶ Somerville Hotel
1 km
❷ St. Aubin's Fort
8 km

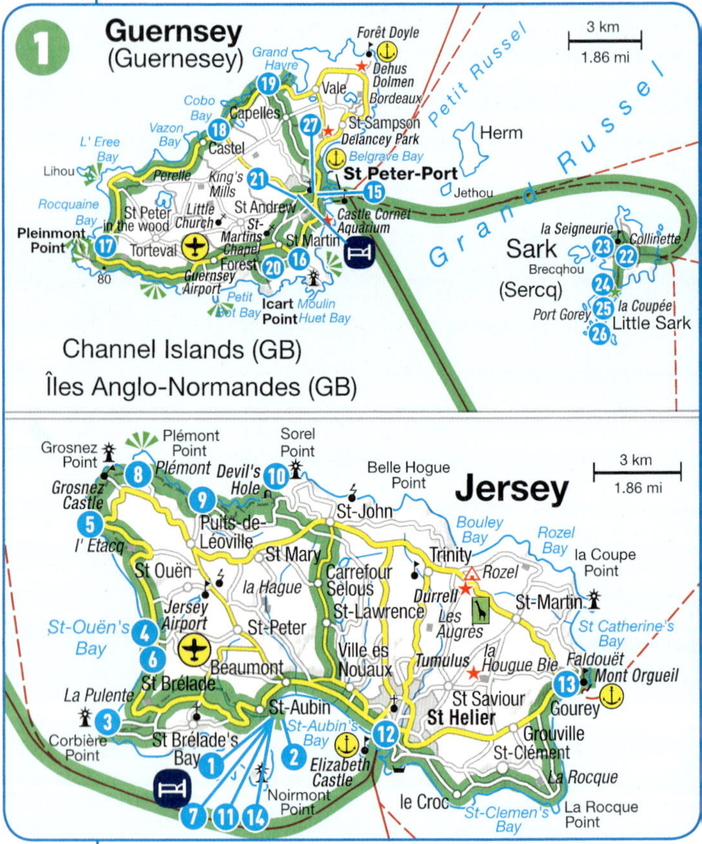

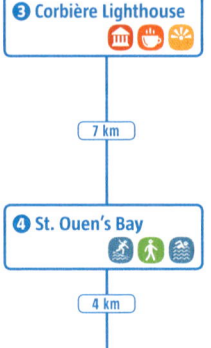

Guernsey
(Guernesey)

Forêt Doyle
Grand Havre
Dehus Dolmen
Vale
Bordeaux
Cobo Bay
Capelles
St-Sampson
Delancey Park
Vazon Bay
Castel
Belgrave Bay
St Peter-Port
L' Eree Bay
Lihou
Perelle
King's Mills
St Andrew
Castle Cornet
Aquarium
Rocquaine Bay
St Peter in the wood
Little Church
St-Martins Chapel
St Martin
Pleinmont Point
Torteval
Forest
Guernsey Airport
80
Petit Bot Bay
Icart Point
Moulin Huet Bay

Petit Russel
Grand Russel
Herm
Jethou

Sark
(Sercq)
la Seigneurie
Collinette
Brecqhou
Port Gorey
la Coupée
Little Sark

Channel Islands (GB)
Îles Anglo-Normandes (GB)

3 km
1.86 mi

Grosnez Point
Plémont Point
Plémont
Sorel Point
Devil's Hole
Belle Hogue Point
Grosnez Castle
l' Etacq
Puits-de-Léoville
St-John
Jersey
St Ouën
St Mary
la Hague
Carrefour Selous
St-Lawrence
Trinity
Rozel
Durrell
Les Augrès
St-Martin
Bouley Bay
Rozel Bay
la Coupe Point
Jersey Airport
St-Peter
Ville ès Nouaux
Tumulus
la Hougue Bie
St Catherine's Bay
Faldouët
Mont Orgueil
Beaumont
St Brélade
St-Aubin
St Saviour
St Helier
Gourey
Grouville
La Pulente
St Brélade's Bay
St-Aubin's Bay
Elizabeth Castle
St-Clément
La Rocque
Corbière Point
Noirmont Point
le Croc
St-Clemen's Bay
La Rocque Point

3 km
1.86 mi

---

❸ Corbière Lighthouse

7 km

❹ St. Ouen's Bay

4 km

zum ❸ **Corbière Lighthouse** → S. 35 führt, das Sie ebenfalls nur um Niedrigwasser herum zu Fuß erreichen können. Danach ist Kaffeezeit im Restaurant **Corbière Phare** mit überragendem Blick auf Leucht- und deutschen Wehrmachtsturm.

Von der Haltestelle beim Restaurant nehmen Sie nun den Bus 12 oder 12a (stündlich) und steigen beim Barrestaurant Watersplash mitten an ❹ St. Ouen's Bay → S. 37 **aus,** Jerseys großer, sandiger Westflanke für Surfer und Strandsegler. Leihen Sie sich hier an der Surfschule ein Bodyboard oder laufen Sie einfach am Strand entlang. Entspannung pur ist das Motto in einem der coolen *beach ca-*

fés wie dem **Big Vern's**. Genug gechillt? **Dann nehmen Sie jetzt den Bus 12a nach L'Étacq,** um ein paar frische Austern am skurrilen Fischbunker von **⑤ Faulkner Fisheries → S. 36** zu naschen. Den Abend verbringen Sie in einem der Strandrestaurants **entlang der Grande Route des Mielles** und beobachten, wie die Surfer in den Sonnenuntergang tanzen. Entspannt geht es z. B. im **⑥ El Tico → S. 36** zu. **Mit dem Bus 12 oder 12a kommen Sie zurück ins ⑦ Somerville Hotel**.

Schlüpfen Sie in festes Schuhwerk für einen Genusswandertag! **Mit dem Bus 12a geht es erneut nach L'Étacq. Gehen Sie über die Küstenstraße bis zur Haarnadelkurve zum ausgeschilderten Küstenpfad, der hier beginnt** und dem Sie den Tag über folgen. In anderthalb Stunden führt er Sie um das nordöstliche Küstenplateau in die enge Bucht von **⑧ Plémont Bay → S. 42**: ein Juwel mit – bei Ebbe – Badestrand, Höhle und einem Café zum ersten Stopp. Die nächsten ein, zwei Stunden wandern Sie weiter mit tollen Ausblicken und Pausenplätzchen **zur nächsten Bucht, Grève de Lecq.** Kehren Sie hier ein zum ausgiebigen Lunch in den **200 m landeinwärts** gelegenen, sehr urigen Pub **⑨ Le Moulin de Lecq** *(tgl. | Tel. 01534 48 28 18 | €–€€)!* **Später spazieren Sie zurück in die Bucht und dort zum** *cliff path.* **Ostwärts gehts in den nächsten anderthalb Stunden über den Klippenpfad.** Am Nachmittag erreichen Sie **⑩ Devil's Hole → S. 39** und die nahe Landgaststätte **Priory Inn**. In diesem Pubrestaurant verweilen Sie, bis ab 18 Uhr Dinner serviert wird (toller Fischteller!) und kehren danach **mit dem Bus über St. Helier** wieder zurück nach St. Aubin ins **⑪ Somerville Hotel**.

Heute mieten Sie **am Start des Railway Walks in St. Aubin** Räder *(www.littletrain.co.uk)* und erforschen die flachere, von den Gezeiten daher am stärksten betroffene Süd- und Ostküste. **Auf der Uferpromenade** entgehen Sie dem Straßenverkehr und sind in einer knappen halben Stunde in der Inselhauptstadt **⑫ St. Helier → S. 51**. Radeln Sie **entlang der Hafenbecken** bis zum großen Meerespool von **Havre des Pas → S. 114** – dort tauchen Sie sicher ein. **Am nächsten Slipway ostwärts** stärken Sie sich im Freien beim kultigen **Thai Dicq Shack**. Dann umrunden Sie die Südostspitze Jerseys. **In Gorey** treffen Sie auf die mächtige Burg **⑬ Mont Orgueil Castle → S. 44**. Der Burgbesuch lohnt unbedingt – die Aussicht ist Jerseys atemraubendste! **Zurück ins ⑭ Somerville Hotel** sind es dann 18 km.

⑤ Faulkner Fisheries

5 km

⑥ El Tico

8 km

⑦ Somerville Hotel

TAG 2

18 km

⑧ Plémont Bay

4 km

⑨ Le Moulin de Lecq

5 km

⑩ Devil's Hole

17 km

⑪ Somerville Hotel

TAG 3

6 km

⑫ St. Helier

13 km

⑬ Mont Orgueil Castle

18 km

⑭ Somerville Hotel

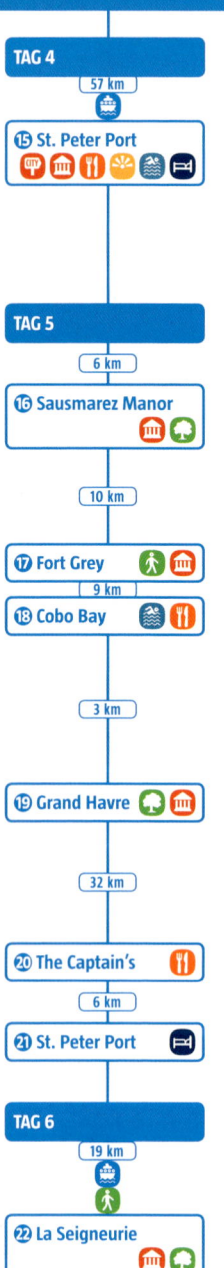

TAG 4

57 km

⑮ **St. Peter Port**

TAG 5

6 km

⑯ **Sausmarez Manor**

10 km

⑰ **Fort Grey**

9 km

⑱ **Cobo Bay**

3 km

⑲ **Grand Havre**

32 km

⑳ **The Captain's**

6 km

㉑ **St. Peter Port**

TAG 6

19 km

㉒ **La Seigneurie**

Inselwechsel mit Fähre und Gepäck: **Von St. Helier schippern Sie in Guernseys bezauberndes Metropölchen ⑮ St. Peter Port** → S. 72. Victor Hugos faszinierendes Dichterdomizil **Hauteville House** sollten Sie unbedingt besuchen, wenn die Fährankunft es noch erlaubt. Nach einem Streifzug durch das steile Städtchen essen Sie auf der Terrasse des **Terrace Garden** und genießen den Blick über den Mastenwald im Hafen. Das Hotel **Les Rocquettes** ist charmant und hat einen großen Indoorpool.

Die Inselumrundung per Bus ab St. Peter Port dauert nur gut anderthalb Stunden. **Überall entlang der Küste fährt die Linie 91 stündlich ab.** Bis zum Herrenhaus des alten Inselvogts **⑯ Sausmarez Manor** → S. 62 ist es nur ein Katzensprung. Spazieren Sie hier durch den von einem pittoresken Skulpturenwald durchsetzten, ⟨INSIDER TIPP⟩ **subtropischen Irrgarten! Nächster Halt ist Pleinmont im Südwesten.** Genießen Sie einen kleinen Spaziergang entlang der Westküste bis zum geweißelten Rundturm des Schiffswrackmuseums **⑰ Fort Grey** → S. 66. **Direkt gegenüber** ist seit 2016 ein komplettes Schiffswrack ausgestellt. **Fahren Sie dann weiter zur ⑱ Cobo Bay** → S. 68. Hier können Sie herrlich baden, das Wasser schwappt bei Hochwasser bis zur Ufermauer. Nach dem Schwimmen stärken Sie sich im **Cobo Bay Hotel** und schauen den bisweilen vorbeidefilierenden Ferraris oder Porsches zu.

Erlauben Sie sich noch ein Stündchen, um das grüne Land um die Bucht **⑲ Grand Havre** → S. 71 mit dem typischen Martelloturm **Rousse Tower** → S. 70 zu erforschen. **Mit dem nächsten Bus fahren Sie dann zurück nach St. Peter Port und steigen dort in die Linie 81:** Die bringt Sie erneut in den verwunschen wirkenden Südosten, **wo Sie am Landhotel Bella Luce aussteigen. Nur zwei Minuten über die Straße La Fausse de Haut** liegt Ihr Abendlokal, **⑳ The Captain's** → S. 65. Bei Bier und hervorragenden Fischgerichten kommen Sie mit den zahlreichen *locals* bestens ins Gespräch. **Letzte Rückfahrt nach ㉑ St. Peter Port zum Hotel um 20.32 Uhr!**

Vom Pier der Sark Shipping Company *(www.sarkship pingcompany.com)* in St. Peter legen Sie ab zum autofreien Sark. Spazieren Sie **vom Hafen hoch aufs Inselplateau. Oben orientieren Sie sich nach rechts** zum alten Inselvogtsitz **㉒ La Seigneurie** → S. 94. Flanieren Sie eine Weile durch die ummauerten Gärten und sehen Sie sich den schönen Taubenturm an. **Zurück auf der staubigen Straße, gehen Sie nach links und gleich wieder links,** um nach wenigen Minuten am ㉓ **Window in the Rock → S. 94** aufs Meer und zur Insel Brecqhou hinüberzuschauen. Um hinüber nach Little Sark zu gelangen, mieten Sie eine Pferdedroschke, die Sie **über die schwindelerregende Landbrücke** ㉔ **La Coupée → S. 93** bringt. Am fabelhaften Gartenrestaurant ㉕ **La Sablonerie → S. 97** ist Zeit für einen ausgedehnten Lunch – der Hummer ist berühmt. Der Verdauungsspaziergang **zur Südspitze** dauert eine Viertelstunde. Wer eine Abkühlung benötigt, wird ein Bad im famosen Felsenbecken ㉖ **Venus Pool** nehmen – allerdings nur in den Stunden um Niedrigwasser herum. **Der Rückweg zum Hafen ist von hier aus gut 4 km lang, von dort gehts dann zurück nach Guernsey ins Hotel in** ㉗ **St. Peter Port**.

___

2 JERSEY MIT DEM FAHRRAD

START: ❶ St. Aubin
ZIEL: ❶ St. Aubin

1 Tag
reine Fahrzeit
knapp 3 Stunden

Strecke: 🚲 36 km

KOSTEN: Fahrradmiete ab 16 Euro (E-Bikes ab 35 Euro), Lunch ca. 20 Euro/Person
MITNEHMEN: Badesachen

ACHTUNG: Fahrradvermietung mitten in St. Aubin am Tunnel auf dem Railway-Radweg: www.littletrain.co.uk

___

Jersey ist ein Paradies für Genussradler – mit einigem Auf und Ab. Auf verkehrsberuhigten green lanes und Nebenstraßen erradeln Sie sich Jersey und sehen viel mehr als Autofahrer. Wegweiser helfen im enorm verwinkelten Inselinnern.

09:30 In ❶ **St. Aubin** starten Sie ostwärts, dem Radweg der tollen Strandpromenade folgend, bis Sie nach ca. 3 km auf den Radweg Nr. 2 ins Inselinnere abbiegen. Die Szenerie ändert sich dramatisch: Sie sind plötzlich im Wald unterwegs, folgen mäandernd der Mühlenstraße, die sich durchs ❷ **Waterworks Valley → S. 47** leicht bergaufschlängelt. **An der ausgeschilderten Kreuzung mit dem Radweg 3 biegen Sie nach links ab und erreichen kurz danach das** ❸ **Hamptonne Country Life Museum → S. 47.** Hier schlägt das Herz des bäuerlichen Jersey

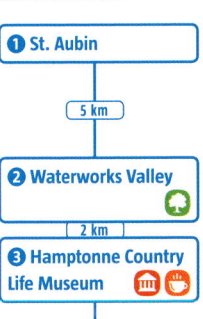

sehr anschaulich. Mit dem Besuch des **Cafés** bleiben Sie eine gute Stunde.

12:00 **Folgen Sie noch kurz der Route 3 nach Westen, um an der Kreuzung mit der Route 4 nach Norden zu radeln.** Im Ort St. John treffen Sie zum ersten Mal auf eine Art Hauptstraße und ein Dorf. **An der Kirche biegen Sie auf die Route 1 nach Westen ab** und rollen jetzt auf dem nördlichen Höhenplateau Jerseys. Bald sind Sie das erste Mal an der steilen Nordküste. Das **❹ Priory Inn** *(tgl. | La Grande Rue | Tel. 01534 48 53 07 | €€)* lädt zum Lunch im Biergarten. Danach machen Sie einen kurzen Spaziergang an die Steilküste zum **❺ Devil's Hole → S. 39**.

Wieder auf dem Rad, haben Sie nur zwei, drei Minuten später erneut Grund, dieses abzustellen: zu Weinverkostung und Verdauungsschnaps bei **❻ La Mare Wine Estate → S. 40**. **Route 1 führt Sie nun westwärts.** Plötzlich liegt tief unter Ihnen **❼ Grève de Lecq → S. 42**, wo Sie sich im Wasser abkühlen.

15:30 **Der Traumbucht entschlüpfen Sie nur über eine sehr steile Straße. Route 1 bringt Sie über den Abzweig nach Les Landes an die Westküste.** Genießen Sie zuvor noch den **INSIDER TIPP** traumhaften Blick auf die 7 km Küstenfahrt, die vor Ihnen liegen. **Unten in ❽ St. Ouen's Bay → S. 37** angekommen, verlassen Sie mal die Route 1 und orientieren sich einfach direkt an der atemraubenden Surferküste. Stoppen Sie für ein Bad und eine Erfrischung

8 km

❹ Priory Inn

1 km

❺ Devil's Hole

1 km

❻ La Mare Wine Estate

3 km

❼ Grève de Lecq

9 km

❽ St. Ouen's Bay

Start und Ziel der Tour ist der hübsche Hafen von St. Aubin

Diese Touren finden Sie als App unter http://go.marcopolo.de/kai

in einem der Strandlokale! Am späten Nachmittag radeln Sie dann **über den Railway Walk (Route 1) zum Schluss leicht bergab zurück nach ❶ St. Aubin**.

❶ St. Aubin

7 km

③ ZU FUSS ENTLANG DER NORDKÜSTE VON JERSEY

START: ❶ **Bonne Nuit Bay** **ZIEL:** ❻ **Rozel Bay**	**1 Tag** reine Gehzeit knapp 4 Stunden
Strecke: ➡ ca. 12 km	

KOSTEN: Lunch und Dinner ca. 30–40 Euro/Person
MITNEHMEN: Badesachen, Fernglas, je nach Wetter Regen- und/oder Sonnenschutz

ACHTUNG: Ausgangspunkt und Ziel sind ans Busnetz angeschlossen. Busfahrplan: *www.libertybus.je*

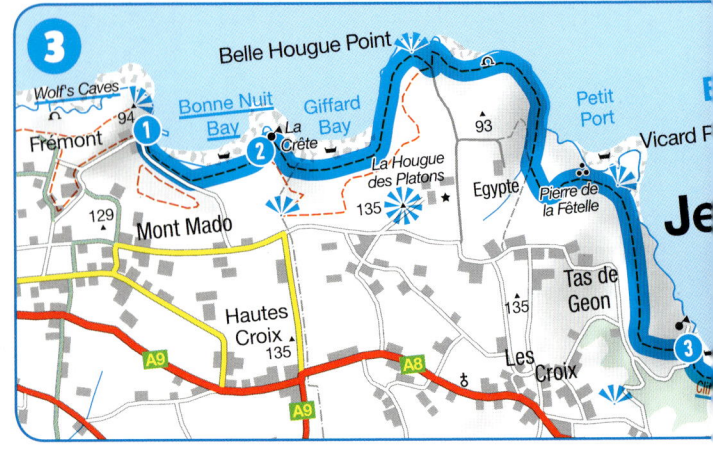

Jersey bietet viele schöne Wandermöglichkeiten. Die spektakulärsten Highlights liegen entlang der imposanten Steilküste im Norden. Es geht beständig auf und ab, manchmal steil. Die Aussichten auf die engen Buchten sind grandios.

1 Bonne Nuit Bay

1 km

2 La Crête Fort

5 km

3 Bouley Bay

2 km

11:00 Stärken Sie sich vor dem Start in der **1 Bonne Nuit Bay → S. 41** im Kiosk mit Eiscreme oder Kaffee. **Dann folgen Sie der Straße oberhalb der Bucht, biegen nach links auf den Coast Path ab und stehen alsbald vor der ausgeschilderten Wahl:** *high route* **oder** *low route.* **Wählen Sie die niedrigere Variante und stoppen Sie kurz danach** an der wohnlich hergerichteten, kleinen Küstenfestung **2 La Crête Fort**, die von Jersey Heritage zum Selbstversorgerjuwel ausgebaut wurde. Der Blick in beide Richtungen hinunter ist wunderschön. Dann laufen Sie auf dem schmalen Pfad durch sich sanft im Wind wiegenden Farn. Steile Stellen sind gut durchgestuft. Auf dieser Wegvariante sind meist nur wenige Wanderer unterwegs, sodass romantische Zweisamkeit auf einer **INSIDER TIPP** klei-nen, felsigen Kanzel ungefähr halben Wegs nach Bouley Bay kaum gestört werden dürfte.

13:00 Nach etwa drei Vierteln der gut 6 km langen Teilstrecke bis Bouley Bay steigen Sie durch ein Wäldchen ab, das Ufer ist nicht weit entfernt. **Durch schönen Wald gehts dann noch einmal bergauf,** Sie erreichen wieder Höhe, von der aus Sie urplötzlich steil auf **3 Bouley Bay → S. 42** hinunterblicken. Das Water's Edge Hotel liegt groß und hell im Blick, direkt über der entzückend ge-

English Channel

Tour de Rozel
5
Nez du Guet
Fort Rozel
uley Bay
Rozel
Bay
L'Etaquerel **4**
Le Câtel
56
Dolmen du
Couperon
C93
Rozel **6**
La Coupe Point
10

400 m
438 yd

schwungenen Badebucht. Jetzt ist eine lange Pause angesagt: zum Strandspaziergang, zum Baden und zum Lunch
am Kiosk von **Mad Mary**, die gute Burger baut.

4 L'Etacquerel Fort
⌐⌐ ☼

2 km

5 White Rock ♣

2 km

6 Rozel Bay 🍴

16:30 **Weiter gehts nach Osten. Vom Hotel aus nehmen Sie den Küstenpfad wieder auf und folgen
dem gut ausgeschilderten Weg aus
dem Buchtkessel heraus,** bis Sie wieder hoch über der Bucht die Ausblicke entlang der Steilküste und hinüber
nach Frankreich bestaunen können.
**Unterwegs passieren Sie einen kurzen
Pfad zu den Ruinen von 4 L'Etacquerel
Fort** aus dem 18. Jh. **Etwa 3 km hinter
Bouley Bay** kommen Sie aus Farntep-
pichen und knorrigem Küstenwald hinaus auf das Felsplateau **5 White Rock**.
**Der Pfad führt zur einsamen Landstra-
ße Rue du Câtel, die hinunter in den
charmanten Küstenort Rozel** an der
6 Rozel Bay → S. 42 führt. Ein Gang
entlang fast nordisch bunt gestriche-
ner Cottages führt Sie zur hohen Ha-
fenschutzmauer, an der die 20 m tiefer
liegenden Boote mit langen Seilen und
Ketten befestigt sind. Im angenehmen
Rozel Pub essen und trinken Sie ausgezeichnet – und der Bus hält vor der Tür.

Bei den bunten *beach cottages* der Rozel
Bay haben Sie das Ziel der Tour erreicht

4 KÜSTENSPAZIERGANG BEI ST. PETER PORT

START: ❶ South Esplanade
ZIEL: ❼ Fermain Bay

3–4 Stunden
reine Gehzeit
ca. 1 Stunde

Strecke: ➡ gut 4 km

Schwierigkeitsgrad: .ıll **sehr leicht**

KOSTEN: ca. 15 Euro für den Lunch/Person
MITNEHMEN: Badesachen, festes Schuhwerk

ACHTUNG: Rückfahrt per Bus (Linien 12, 91, 93), Fahrplan: *www. buses.gg*

Bei diesem entspannten Küstenspaziergang von St. Peter Port aus erleben Sie auf kleinstem Raum die ganze Vielfalt der Küste Guernseys: Relikte von Küstenbefestigungen aller Art, Badestopps mit und ohne Strand, dazu ein (Blumen-)Wald und ein Gourmetcafé.

❶ South Esplanade

1700 m

❷ La Valette Underground Military Museum 🏛🛍

400 m

❸ La Valette Bathing Pools 🌊

200 m

1000 m

❹ Clarence Battery ☀

10:00 Von der ❶ **South Esplanade** folgen Sie südwärts dem **Küstensträßchen.** Zwei Wehrmachtstunnel entlang des ehemaligen deutschen Straßenprojekts nach Fermain Bay tauchen auf: In den skurrilen Shop des heutigen ❷ **La Valette Underground Military Museum → S. 76** sollten Sie hineinschnuppern. Eine ebenfalls nicht alltägliche Attraktion sind die **zwischen den Bunkern liegenden,** gezeitenabhängigen ❸  **La Valette Bathing Pools**; trotz ihrer von Sturmfluten angenagten Betonoptik laden sie zum Reinspringen ein.

Den nächsten Bunker mit dem Aquarium lassen Sie rechts liegen, aber das museal-martialisch bestückte Kanonenplateau der 1782 gegen Napoleon gebauten ❹ **Clarence Battery hinter dem Aquarium** lassen Sie sich nicht entgehen: Die Aussicht bis hinüber nach Herm ist toll! Innerhalb eines einzigen knappen Kilometers haben Sie sich nun schon

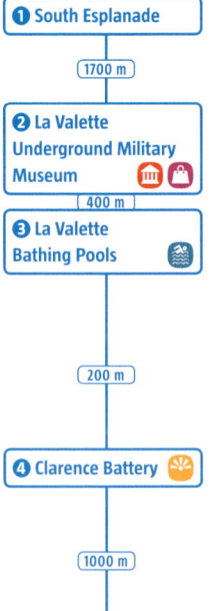

unterschiedlichste Küstenbefestigungen erlaufen.

11:30 Kurz danach, **in Höhe des schönen Blicks auf die Soldier's Bay,** erinnert eine Granitmauer entlang eines steilen Walds an das Fort George, das Castle Cornet als Garnisonsfestung ablöste und der Wehrmacht als Radarstützpunkt diente. Folglich wurde es von den Briten bombardiert und lebt heute als teure Wohngegend fort. Das sich anschließende Waldstück heißt ❺ **Bluebell Wood → S. 74,** weil hier im Mai ein Teppich von Waldhyazinthen blüht. **Etwas weiter flanieren Sie entlang des mit modernen Villen bestückten Sträßchens Corniche** – ein Hauch exklusiver Villenlage wie in Südfrankreich. Kurz darauf lockt eine zweite Badepause: **Steigen Sie den monumentalen Stufenabgang der** ❻ **Ozanne Steps** zu einer ehemals privaten Badebucht hinunter.

12:30 **Nun sind es nur noch etwa 300 m,** bis Sie in die wunderbare ❼ **Fermain Bay → S. 64** gelangen. Bei Ebbe wird nasser Sand entblößt, dazu kommt einer der 15 Festungstürme Guernseys. Die geradezu mediterrane Stimmung in der Bucht und ein Lunch im erstklassigen **Beach Café → S. 63** sind ein perfekter Abschluss dieses Spaziergangs.

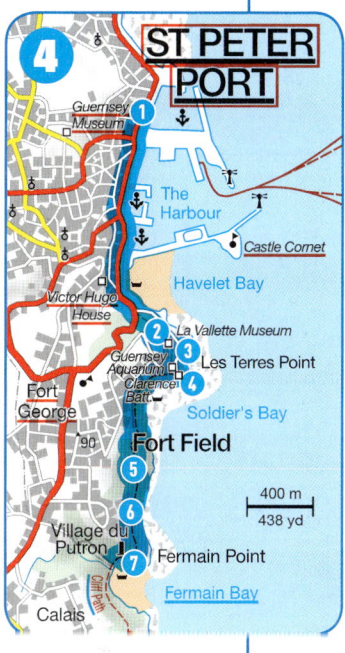

❺ Bluebell Wood

400 m

❻ Ozanne Steps

400 m

❼ Fermain Bay

Bluebells, eine Hyazinthenart, wachsen besonders üppig im Bluebell Wood

SPORT & WELLNESS

Das milde Reizklima der Kanalinseln kitzelt Besucher ständig und reizt zu einem aktiven Urlaub – Bewegung liegt förmlich in der Luft.

Eine Kombination aus sommerlichem Badeurlaub in den flachen, sich rasch aufheizenden Buchten und Wanderausflügen entlang der Küstenfelsen ist besonders auf Jersey und Guernsey zu empfehlen. Ausgezeichnet sind dort auch die Bedingungen zum Radfahren.

Wellness hingegen ist fast gar kein Thema. Wer sich nach Wander- oder Radtouren, Wassersport oder Strandjogging bei Massagen, Yoga oder „Mindfulness"-Praktiken entspannen möchte, findet in den besten Hotels der Inseln dazu Gelegenheit. *www.mindfulguernsey.com, www.hoteldefrancejersey.co.uk*

ABENTEUERSPORT

Jersey Adventures (Tel. 07797 72 75 03 | www.jerseyadventures.com) bietet an: Abseilen (von Wehrmachtstürmen), Caving, ● Coasteering (Steilküstenklettern mit Wasserspringen), Strandsegeln, ● Seekajakfahren, Felsklettern … Das Äquivalent auf Guernsey ist *Outdoor Guernsey (Tel. 01481 26 76 72 | www.outdoorguernsey.co.uk),* auf Sark bietet *Adventure Sark (Tel. 01481 83 23 56 | www.adventuresark.com)* Coasteering und Kajakfahren an.

ANGELN

Jersey hat dramatische Plätze zum Küstenangeln: im Uhrzeigersinn Sorel Point,

Die überschaubaren Dimensionen sorgen dafür, dass sportliche Aktivitäten nicht in Stress ausarten – Hauptdarsteller ist die Natur

White Rock, St. Catherine's Breakwater, Royal Bay of Grouville, Noirmont Point, Corbière Lighthouse und L'Étacq sowie quasi alle Nordbuchten. *short.travel/kai17*

GOLF

Gemessen an der Größe des Terrains, ist das Golfangebot auf den Inseln super. Jersey lockt mit acht, Guernsey mit drei und Alderney mit einem Golfplatz. Meist spielt man auf 18 Löcher. Landschaftlich besonders reizvoll sind die Westküsten-

plätze Les Mielles und La Moye auf Jersey, L'Ancresse auf Guernsey und der Platz auf Alderney. *short.travel/kai27*

RADFAHREN

Es gibt kein besseres Vehikel als das Fahrrad, um die Inseln in angemessenem Tempo kennenzulernen. Die praktisch überall zu mietenden Leihräder *(ca. 15–23 Euro/Tag bzw. ab ca. 60 Euro/Woche)* sind in gutem Zustand. Jersey bietet mit etwa 160 km beschilderten Radwegen

bieten sehr gute, detaillierte Radführer und Karten an. Infos bei den Touristenbüros in St. Helier und St. Peter Port, wo Sie sich auch nach kostenlosen geführten Touren erkundigen können. *short.travel/ kai18, www.guernseycyclehire.com*

Auf dem hügeligen Jersey ist auch ein Mountainbike nicht deplatziert

REITEN

Reiter gehören zum Bild Jerseys und Guernseys. Besuchern seien gemütliche Spazierritte auf den *green lanes* und *ruettes tranquilles* im Inselinneren empfohlen. Am Strand galoppieren dürfen nur erfahrene Reiter und zwischen Mai und September darf nur vor 10.30 und nach 18 Uhr am Strand geritten werden. Folgende Ställe bieten geführte Ritte und Ausrüstung an: *Bon Air Riding School & Livery Stables (La Grande Route de St-Laurent | St. Lawrence | Jersey | Tel. 01534 86 51 96); Le Claire Riding & Livery School (Sunnydale | La Rue Militaire | St. John | Jersey | Tel. 01534 86 28 23); Manor Stables (Rue des Camps | St. Martin | Guernsey | Tel. 01481 23 82 75)*

WANDERN

Wanderer haben auf den *green lanes* Vorfahrt und auf den herrlichen Küstenpfaden sowieso. Auf Guernsey sind die südlichen Küstenregionen am attraktivsten für Wanderer. Auf Jersey bietet die gesamte Nordküste erstklassige Aussichten und spannende Abstiege in kleine Buchten. Lohnend sind Wanderreisen schon von März bis Mai, wenn die Küsten und Kaps vor bunt sprießender Blütenpracht geradezu explodieren. Hecken und Dünen bieten bis in den späteren Sommer hinein Blumen- und Vogelvielfalt, sodass ein Bestimmungsbuch ins Gepäck gehört – und ein kleines Fernglas: Zwischen Mai und Juli sehen Küstenflanierer den Seevögeln beim Brüten

das größte Netz. Allerdings gibt es dort auch einige Hügel zu überwinden. Auch das flachere Guernsey lockt mit verkehrsberuhigten Sträßchen im Landesinneren zur Entdeckung der Langsamkeit. Auf den *green lanes* bzw. *ruettes tranquilles* der großen Inseln dürfen Autos nur 24 km/h fahren oder bleiben ganz ausgesperrt, weshalb Radfahrer hier bestens aufgehoben sind. Auf Sark bleiben Radler von Autos gänzlich unbehelligt, auf dem kahleren Alderney kämpft man schon mal gegen den Wind an. Jersey und Guernsey

und Jagen zu. Jersey und Guernsey haben gute Wanderführer mit detaillierten Routenplänen aufgelegt. Sie können in St. Helier und St. Peter Port in den Tourismusbüros gekauft werden. Dort sollten englischsprachige Wanderfreunde sich auch nach geführten Touren erkundigen. *short.travel/kai5, www.visitguernsey.com/tasty-walks,* fürs professionell geführte Wattwandern *www.jerseywalkadventures.co.uk* und *www.seajersey.com*

WASSERSPORT

Segler können überall Boot und Führer für Ausflüge chartern. Windsurfer schwören auf die großen Buchten Jerseys und die nördlichen und westlichen Buchten Guernseys. Auch Alderney hat gute Winde. Wer gern Kajak fährt, ist auf allen Inseln richtig. Topspeed bietet das Blokarting, Kartfahren mit Segel in der St. Ouen's Bay, mit **INSIDER TIPP** *Pure Adventure* (www.pureiersey.com), die u. a. auch RIB-Schlauchbootfahrten und „Seafaris" (www.jerseyseafaris.com) anbieten. Etwas ruhiger lässt man es auf Guernsey angehen, dafür mit Trips zu den Papageitauchern (*short.travel/kai19*).
Die Westküsten von Jersey und Guernsey sind ausgezeichnete Reviere für Wellenreiter. Die St. Ouen's Bay auf Jersey zieht sogar australische Surfer an, wenn es *down under* winterlich ist. In *St. Ouen's Bay* kann man immer surfen, in *St. Brelade's Bay, Plémont Bay* und *Grève de Lecq* ist von 10 bis 19 Uhr Surfpause. Auf Guernsey ist die *Vazon Bay* beliebt, auf Alderney die *Corblets Bay*. Brett und Anzug gibts zu leihen, und lernen kann man das Surfen auch: *Jersey Surf School | La Grande Route des Mielles | St. Ouen's Bay | Tel. 01534 48 40 05 | www.jerseysurfschool.co.uk; Guernsey Surf School | Vazon Bay | Tel. 07911 71 07 89 | www.guernseysurfschool.co.uk*

Taucher schwören auf die Qualität von Wasser und Licht auf den Kanalinseln. Allerdings sollten Sie sich immer der starken Gezeiten und Strömungen bewusst sein! Jerseys Nordbuchten bieten gute, küstennahe Tauchreviere. Rund um die Inseln liegen eine ganze Reihe von gesunkenen Schiffen aus mehreren Jahrhunderten. Spannendes Wracktauchen wird von den Tauchzentren für Erfahrene angeboten, die Ausrüstung wird gestellt. *Dive Jersey | 1 Belmont Gardens | St. Helier | Tel. 01534 88 09 34 | www.divejersey.co.uk; Dive Guernsey | Castle Emplacement | St. Peter Port | Tel. 01481 71 45 25* Auch das trendige Stand-up-Paddling schlägt auf den Inseln langsam Wellen. Wie man auf dem Surfbrett aufrecht stehend paddelt, lernt man ab ca. 30 Euro bei *Windmadness (St. Brelade's Bay | Tel. 01534 52 28 88 | www.windmadness.com)* auf Jersey.

Stopp in L'Ancresse Bay auf Guernsey

MIT KINDERN UNTERWEGS

Die klassischen Kanalinselurlauber sind in mittlerem Alter, verfügen über ein gutes Einkommen und reisen ohne Kinder. Denn zumal mit Nachwuchs sind die Inseln ein recht kostspieliges Ziel. Auf der anderen Seite stehen Aspekte, die mit Geld nicht aufzuwiegen sind: autofreie Eilande, lange, unverschmutzte Strände, extrem saubere Luft und eine nostalgisch heile Welt.

JERSEY

AMAIZIN ADVENTURE PARK
(133 F3) (*ဩ C11*)
Abenteuerpark für die ganze Familie mit verschiedenen Attraktionen: Ein Maislabyrinth, in dem es Aufgaben zu lösen gilt, Spaßgolf, Wasserpistolenduelle, Traktorfahrten, ein Streichelzoo und vieles mehr. *April–Sept. tgl. 10–17.30 Uhr | 9,95 £, Kinder unter 4 Jahren 7,50 £ | La Hougue Farm | La Grande Route de St-Pierre | St. Peter | www.jerseyleisure.co.uk*

DURRELL WILDLIFE CONSERVATION TRUST (135 D3) (*ဩ H11*)
Das Tophighlight für Kinder auf Jersey! Andenbär, Orang-Utan, Gorilla sind die aufregenden Hingucker. Besonders spannend ist das **INSIDER TIPP** Haus mit den beiden großen Fledermausarten, das den Früchteessern durch ein mit Biomasse geheiztes Netz temperiert gehalten wird *Tgl. 9.30–17, April–Okt. bis 18 Uhr | 14,50 £, Kinder bis 16 Jahre 10 £ | www.durrell.org*

HAVRE DES PAS ● (134 C5) (*ဩ G14*)
Badespaß auch bei Ebbe: Der große Seewasserpool wird schon seit dem Ende des 19. Jhs. genutzt. Es gibt einen flachen Kinderbereich und einen Sportbereich. Am Rand von St. Helier kann man sich hier auch dann noch herrlich austoben, wenn das Meer weg ist. Spannend wird es, wenn das Meer in den Pool zurückflutet. *Tgl. | Eintritt frei*

INSIDER TIPP TAMBA PARK
(134 B2) (*ဩ D–E11*)
Entzückender Spaßpark mit großen Dinoskulpturen, die sich bei Annäherung bewegen, dazu von Simbabwern geschnitzte Skulpturen, die Entrepreneur Jonathan Ruff nach Jersey brachte, um seine Küche für 5000 afrikanische Kinder – Ziel: 20 000 – zu unterstützen. Fischefüttern, Abenteuerpark, Café. *Mo, Mi, Fr, Sa 10–17.30, Di und Do 10–19, So 10–17 Uhr | 3 £ | La Rue de la Frontière | www.tamba park.co.uk*

Spaßgolf, Maislabyrinth und ein toller Zoo – und alles umgeben von Landschaften wie aus einem Bilderbuch von Beatrix Potter

TREIBHOLZBASTELN 🟠
(133 F5) *(🗺 C13–14)*

Fish 'n' Beads heißt ein netter kleiner Laden am Strand von St. Brelade's, wo man Treibholz und andere Strandfunde in Schmuck und Accessoires verwandelt. Dazu werden Glasperlen verkauft und vielerlei mehr, worauf kleinere Kinder abfahren. *Neben dem Wayside Café | sites. google.com/site/fishnbeads*

GUERNSEY

COBO BAY **(130 C3)** *(🗺 D4)*
Weißer Sand, rosafarbene Felsen zum Klettern und eine perfekte Versorgung mit Kiosk, *fish 'n' chips,* Supermarkt – ein beliebter Familienstrand bei Ebbe.

OATLANDS VILLAGE **(131 E2)** *(🗺 F3)*
Schon der Anblick der kuriosen spitzen Ziegelöfen ist spannend. Drinnen lernt man Wissenswertes über das alte Handwerk des Brennens von Ziegeln und Gefäßen. Man kann beim Schokolademachen zuschauen, besucht vielleicht das Puppenhausmuseum oder versucht sich auf einem Minigolfplatz *(6 £).* Kids springen Trampolin *(2,50 £)* oder toben in der Spielscheune *(4,50 £).* Tgl. 9.30–18 Uhr | Eintritt frei | Les Gigands | Braye Road | St. Sampson | www.oatlands.gg*

INSIDER TIPP ▶ SAUSMAREZ TRAIN
(131 E5) *(🗺 F6)*

Ganz kleiner Zug für ganz kleine Leute: 500 m fährt die Rasselbande mit dem Minizug des Seigneurs von Sausmarez durch seine subtropischen Gärten. *April–Okt. tgl. 10–16 Uhr | 2 £, bis 12 Jahre 1,50 £ | www.sausmarezmanor.co.uk/ trains.html*

ALDERNEY

AUSRITTE **(132 A2)** *(🗺 M2)*
Jill Moore sattelt ihre Pferde auch für kleine Ausritte mit Kindern. *Ab 25 £/Std. | Telegraph Track | Tel. 07781 42 13 25 | bj moore65@yahoo.co.uk*

EVENTS, FESTE & MEHR

FESTE & VERANSTALTUNGEN

APRIL–SEPTEMBER

Bei den `INSIDER TIPP` *Open Gardens* auf Jersey öffnen sich samstags oder sonntags Privatgärten für Besucher. *short.tra vel/kai20*

Jeden Dienstag führt Herms Chefgärtner nach Anmeldung *(Tel. 01481 72 13 79)* bei den *Herm Garden Tours* durch die Inselgärten.

MAI

Auf Guernsey wird der *Liberation Day* am 9. Mai mit allerlei Umzügen und Unterhaltungsangeboten gefeiert.

Die *Spring Walking Week* auf Jersey Mitte Mai ist ein achttägiges Wanderfestival mit einer Vielzahl geführter Themenwanderungen. *short.travel/kai21*

Beim *Seafood-Festival* auf Alderney Mitte Mai gibt es Hummer, Krebse, Austern körbeweise.

Das *Jersey Food Festival* bietet etwa Mitte Mai eine Woche lang die Gelegenheit, Meeresfrüchte mit den lokalen neuen Kartoffeln, den Jersey Royals, zu probieren. *short.travel/kai22*

Orchideenblüte auf Guernsey *(short.tra vel/kai23)* und Jersey ab Mitte/Ende Mai bis in den Juni. Eine geführte Tour wird auf Jersey am *Special Open Day* angeboten.

JUNI

`INSIDER TIPP` *June in Bloom* heißt Jerseys ultimatives Gartenfest in der zweiten Junihälfte: Auf geführten Streifzügen durch das Westküstenhinterland mit seinen Orchideenwiesen, durch Privatparks, Gärten, Wälder, den Durrell-Zoo am Abend und örtliche Miniklimazonen gibt Jersey seine floralen Geheimnisse preis.

JULI

Britisch-international ist das *Sark Folk Festival* am ersten Wochenende. *short. travel/kai24*

Die ersten zwei Wochen findet die Inselgartenschau *Guernsey in Bloom* statt. *www.floralguernsey.co.uk*

Ganz im Zeichen der Meeresköstlichkeiten steht das *Seafood-Festival* auf Guernsey.

Eine Woche lang geht das *Floral Guernsey Festival. www.floralguernsey.co.uk*

In der letzten Juliwoche findet auf Guernsey in St. Peter Port *La Fête de Musique à la Ville* mit Musik, Straßenkarneval und Feuerwerk statt.

AUGUST

Die **Alderney Week** Anfang August ist ein witziger Karneval mit über 100 Events. Highlight des Jahres ist die ⭐ **Battle of Flowers** am zweiten Donnerstag auf Jersey – die Wagen sind mit einem Meer von Blüten überzogen. Die **INSIDER TIPP** **Moonlight Parade** am Folgeabend ist ein Sommernachtstraum mit illuminierten Festwagen. *www.battleofflowers.com* Den **Water Carnival** in der Monatsmitte auf Sark prägen witzige Wettbewerbe und ein Unterhaltungsprogramm.

AUGUST/SEPTEMBER

An drei Sonntagen geht es beim **Taste Guernsey Seafront Sunday** in St. Peter Port um lokale Produkte, vor allem aus dem Meer. *www.tasteguernsey.com*

SEPTEMBER

International Air Display (*www.jerseyair display.org.uk*): Mitte September eine der größten Flugschauen in Europa, an der viele historische Maschinen teilnehmen
Etwa Mitte September findet Jerseys **Autumn Walking Festival** statt mit mehr als 40 geführten, oft kostenlosen Touren von 3 bis 17 km Länge. *short.travel/kai6*

OKTOBER

Am zweiten Wochenende feiert **La Faîs' sie d'Cidre** die Tradition der Cidreherstellung. *short.travel/kai28*
Beim **Tennerfest** bieten fast 200 Restaurants auf Jersey und Guernsey bis Mitte November ein komplettes Menü für 10–20 Pfund. *www.tennerfest.com*
Alderney hat ein Pendant, das **Alderney Food Festival.** *short.travel/kai25*

FEIERTAGE

1. Jan.	New Year
März/April	Karfreitag (Good Friday) und Ostermontag (Easter Monday)
1. Mo im Mai	Labour Day
9. Mai	Liberation Day
Letzter Mo im Mai	Spring Bank Holiday
Letzter Mo im August	Summer Bank Holiday (auf Alderney: 1. Mo im Aug.)
25. Dez.	Christmas
26. Dez.	Boxing Day

LINKS, BLOGS, APPS & CO.

LINKS & BLOGS

short.travel/kai7 Ein Kompendium über das Radfahren auf 563 km Straßen auf Jersey, mit kommentierten Tourenvorschlägen und Karten zum Herunterladen

www.nationaltrust-gsy.org.gg Auf der Website der Umwelt- und Denkmalschutzstiftung von Guernsey finden Sie alles zu interessanten Objekten und Wanderungen. Klicken Sie auf Events, finden Sie die aktuellsten Nachrichten zu geführten Wanderungen, Ausstellungen und Aktivitäten des Trust auf Guernsey

www.marcopolo.de/kanalinseln Alles auf einen Blick zu Ihrem Reiseziel: interaktive Karten inklusive Planungsfunktion, Impressionen aus der Community, aktuelle News und Angebote …

visitguernsey.com/blog Viele Inhalte über Guernsey: Blumen, Besatzungszeit, Literatur, Events, Food …

www.jerseytravel.com Website eines Reiseveranstalters mit Up-to-date-News zu preiswerten Unterkünften, Events und reiserelevanten Themen

www.jersey_restaurants.blogs.com Hier erfahren Sie das Aktuellste über das, was in den Restaurants von Jersey auf den Tisch kommt und wie das jeweilige Ambiente ist. Sehr persönlich und hilfreich

short.travel/kai29 Ausgezeichnete Recherche im Minenfeld der Steueroase Jersey: Aufstieg und Fall der Inselwirtschaft

www.facebook.com/outdoorguernsey Seekajakfahren, Coasteering und andere Küstenabenteuer von Outdoorfreunden auf Guernsey

APPS

My Tide Times Alle Gezeiten tagesaktuell und als Wochenvorschau für Hunderte von Küsten im Vereinigten Königreich – so wissen Sie immer, ob Sie etwa zum Corbière Lighthouse noch übers Wasser gehen können

Egal, ob für Ihre Reisevorbereitung oder vor Ort: Diese Adressen bereichern Ihren Urlaub. Da manche sehr lang sind, führt Sie der short.travel-Code direkt auf die beschriebenen Websites. Falls bei der Eingabe der Codes eine Fehlermeldung erscheint, könnte das an Ihren Einstellungen zum anonymen Surfen liegen

Jersey Evening Post Die Tageszeitung für Jersey enthält etwa dreimal pro Woche eine Kolumne im alten französischen Inseldialekt Jèrriais, mit Übersetzung

What's on in Jersey Was ist los auf Jersey? Topaktuell, alle drei Monate kommt ein aktualisierter Gratis-Download

What's on Guernsey Alles, was los ist auf Guernsey, Herm und Sark, mit aktuellen Veranstaltungen und Tipps

VIDEOS & MUSIK

short.travel/kai8 Video über den britischen „Land Artist" Andy Goldsworthy. Seine 2011 auf Alderney küstennah platzierten elf großen Kugeln aus gepresster Erde werden durch Gezeiteneinflüsse erodieren

short.travel/kai11 Filmreportage über den Zoologen und Autor Gerald Durrell und die Tiere in seinem faszinierenden Zoo für bedrohte Arten auf Jersey

short.travel/kai26 Der gute dreiviertelstündige Film der bewährten Mare-TV-Crew zeigt die Schön- und Eigenheiten, die man beim Island-Hopping auf den Kanalinseln erfährt

www.teachingthroughnature.co.uk Zwischen März und Oktober hat der rührige Alderney Wildlife Trust Webcams auf die Kolonien von Papageitauchern und Tölpeln vor Alderney eingerichtet

short.travel/kai9 Englisches Video über Jersey, in dem es um Sterneküche, Orang-Utans und den Blumenkarneval geht

short.travel/kai31 Der halbstündige Film aus der Reihe Weltreisen des Senders Phoenix berichtet über Guernsey und Sark

short.travel/kai30 Sechsminütiger Film über die Landschaften und Küste von Herm

short.travel/kai12 Tolle Reportage von 360 Grad Geo bei Arte-TV über das märchenhafte Sark, das von übellaunigen Millionären in die Demokratie getrieben wurde

PRAKTISCHE HINWEISE

ANREISE

✈ Die Kanalinseln sind in zwei bis vier Stunden von vielen deutschen Flughäfen erreichbar. Das dichteste Flugnetz bietet British Airways mit Zwischenlandung in London. Die Flugpreise beginnen bei ungefähr 300 Euro für Hin- und Rückflug. Es gibt über 50 Reiseveranstalter mit Kanalinselangeboten, etwa Wikinger Reisen und Tui-Wolters. Wer seinen Flug in London unterbrechen oder kurzfristig verreisen möchte, kann etwa mit Eurowings, Lufthansa, Ryan Air, Easy Jet und Air Berlin von zahlreichen deutschen Städten nach London jetten. In manchen Fällen muss in London der Flughafen gewechselt werden, was eine bis anderthalb Stunden Busfahrt bedeutet.

GRÜN & FAIR REISEN

Auf Reisen können auch Sie viel bewirken. Behalten Sie nicht nur die CO_2-Bilanz für Hin- und Rückreise im Hinterkopf *(www.atmosfair.de; de.myclimate.org)* – etwa indem Sie Ihre Route umweltgerecht planen *(www.routerank.com)* – , sondern achten Sie auch Natur und Kultur im Reiseland *(www.gate-tourismus. de; www.ecotrans.de)*. Gerade als Tourist ist es wichtig, auf Aspekte wie Naturschutz *(www.nabu.de; www. wwf.de)*, regionale Produkte, wenig Autofahren, Wassersparen und vieles mehr zu achten. Wenn Sie mehr über ökologischen Tourismus erfahren wollen: europaweit *www.oete.de*; weltweit *www.germanwatch.org*

Vom Flughafen London-City geht es mit Blue Islands *(ab ca. 55 Euro | blueislands. com)* nach Jersey und Guernsey. Aurigny Air Services *(www.aurigny.com)* hebt zusätzlich von Stansted und Gatwick ab und fliegt auch nach Alderney.

Zwischen Ende April und Oktober werden Jersey und Guernsey samstags ab Hannover, Düsseldorf, München und Stuttgart direkt angeflogen (75–120 Minuten, ab ca. 260 Euro, Air Berlin, Flybe, Lufthansaund Eurowings).

⛴ Condor Ferries verbindet die englischen Häfen Poole, Weymouth und Portsmouth mit dem französischen St-Malo via Jersey und Guernsey. Von St-Malo ist man gut eine Stunde (Jersey) bzw. knapp zwei Stunden (Guernsey) unterwegs. Die Katamaran-Schnellfähren von Condor Ferries verkehren während der Hauptsaison täglich, von Oktober bis März seltener. Manche Iles Express verbindet im Sommer Granville in der Normandie täglich mit Jersey, außerdem sporadisch Barneville-Carteret und Diélette mit Guernsey und Alderney. Die Preise für zwei Personen im PKW ab St-Malo liegen zwischen ca. 150 und 250 Euro pro Strecke. Die Isle of Sark Shipping Company verkehrt mehrmals täglich zwischen Guernsey (St. Peter Port) und Sark. Überfahrten dauern etwa 50 Minuten. Die Insel Herm erreicht man in gut 20 Minuten per Boot von Guernsey (St. Peter Port).

AUSKUNFT

Visit Britain informiert ausführlich über die Kanalinseln – aber ausschließlich übers Internet: *www.visitbritain.de, www.*

Von Anreise bis Zoll

Urlaub von Anfang bis Ende: die wichtigsten Adressen und Informationen für Ihre Reise auf die Kanalinseln

visitbritain.at, www.visitbritain.ch. Jersey-prospektversand: Tel. 06106 7 17 18
Die offiziellen Websites: www.jersey.com, visitguernsey.com, visitalderney.com, sark.co.uk, www.herm.com. Ebenfalls hilf-reich: www.kanalinseln.de, www.kanal inseln.com, www.kanalinseln-reisen.de. Vielseitig und aktuell sind die Websites der Tageszeitungen Guernsey-Press (www.thisisguernsey.com) und Jersey Evening Post (www.thisisjersey.com).

AUTO

Sie sollten am besten nicht mit dem Auto auf die Inseln reisen, weil es insbesonde-re auf Jersey und Guernsey viel zu viele Autos auf zu kleinem Raum gibt. Eigent-lich ist das Auto nicht besonders geeignet, um die Kanalinseln zu entdecken. Das Tempolimit liegt zwischen 24 km/h auf den green lanes und 64 km/h auf Durch-gangsstraßen. Zum Parken müssen soge-nannte paycards, die Sie vorab erstehen sollten, bis 17 Uhr sichtbar platziert wer-den. Man erhält sie in Geschäften, von der Autovermietung, am Fährhafen oder in der Touristeninformation. Gelbe Linien am Straßenrand bedeuten Parkverbot.

DIPLOMATISCHE VERTRETUNGEN

DEUTSCHE KONSULATE
– Jersey Braeside | St. Peter's Valley | St. Lawrence | Jersey | Tel. 01534 28 08 58
– 55 Le Bordage | St. Peter Port | Guern-sey | Tel. 01481 72 51 15

ÖSTERREICHISCHE BOTSCHAFT
– 18 Belgrave Mews West | London SW1X 8HU | Tel. 020 73 44 32 50

SCHWEIZER KONSULAT
– St. Julian's Court | St. Peter Port | Guern-sey | Tel. 01481 71 02 67

EINREISE

Für EU-Bürger und Schweizer genügen Reisepass oder Personalausweis.

WÄHRUNGSRECHNER

€	GBP	GBP	€
1	0,79	1	1,26
2	1,58	2	2,53
3	2,38	3	3,79
4	3,17	4	5,05
5	3,96	5	5,89
7	5,54	7	8,84
9	7,13	9	11,36
12	9,50	12	15,15
125	98,99	125	157,82

GELD & KREDITKARTEN

Mit der ec-Karte bekommen Sie Bargeld am Automaten. Visa und Mastercard werden weithin akzeptiert. Auf Jersey gilt das Jerseypfund, auf den übrigen Inseln das Guernseypfund. Die Währung ist an das Britische Pfund gekoppelt, mit dem auch bezahlt werden kann. Die Inselno-ten dagegen gelten im übrigen Großbri-tannien nicht.

GESUNDHEIT

Arzt- und Krankenhausbesuch müssen sofort bezahlt werden, der Abschluss ei-ner Reisekrankenversicherung ist des-halb unbedingt ratsam.

INTERNETZUGANG & WLAN

Die meisten Unterkünfte sind bestens vernetzt. Internetcafés finden Sie vor allem in St. Helier und St. Peter Port.

JERSEY HERITAGE PASS

Der Pass erlaubt den Eintritt in vier der sechs wichtigsten Museen und Burgen zum Preis von drei innerhalb einer Woche für knapp 30 £. Erhältlich ist er jeweils ebendort. *www.jerseyheritage.org/heritage-pass*

KLIMA & REISEZEIT

April/Mai sowie Mitte September bis Mitte November sind gute Reisemonate mit vielen schönen Tagen und wenig Tourismus. Außerdem ist es dann einfacher, spontan ein Zimmer zu finden. Hochsaison ist von Juni bis August. Im Winter sind viele Attraktionen geschlossen.

MASSE & GEWICHTE

1 pound = 454 g; *1 pint* = 0,568 l; *1 mile* = 1,6 km

NOTRUF

Tel. 9 99 und *112*

ÖFFENTLICHE VERKEHRSMITTEL

Auf Jersey und Guernsey sind die öffentlichen Linienbusse ein ausgezeichnetes und preiswertes Verkehrsmittel. Auf Jer-

WETTER AUF GUERNSEY

	Jan.	Feb.	März	April	Mai	Juni	Juli	Aug.	Sept.	Okt.	Nov.	Dez.
Tagestemperaturen in °C	9	8	11	13	16	19	21	21	19	16	12	10
Nachttemperaturen in °C	5	4	6	7	10	13	15	15	14	11	8	6
Sonnenschein	2	3	5	7	8	9	8	8	6	6	3	2
Niederschlag	14	11	9	9	9	8	9	10	11	12	12	14
Wassertemperatur	10	9	9	9	11	13	15	16	16	15	13	11

☀ Sonnenschein Stunden/Tag ⚓ Niederschlag Tage/Monat ≋ Wassertemperaturen in °C

sey *(www.libertybus.je)* kostet der Wochenpass 29 £, eine Tageskarte 7,50 £, Einzelfahrten 1,50 bzw. 2 £. Auf Guernsey *(www.buses.gg)* kostet eine Inselumrundung nur 1 £, egal wie lang die Strecke ist, eine Tageskarte 4,50 £, ein Wochenpass 19 £.

POST

Auf Postkarten und Briefe gehören die Wertzeichen der Absenderinsel – englische Marken gelten nicht. Auf einem Dutzend Inselpostämtern sind die Marken erhältlich.

STROM

Die Netzspannung beträgt 240 Volt. Für Akkuladegeräte, Fön etc. benötigt man einen Adapter.

TELEFON & HANDY

Jedem Anruf aus dem Ausland muss die britische Landesvorwahl *0044* vorausgehen, die Null am Anfang der Inselvorwahl entfällt dann. Vorwahl nach Deutschland *0049*, Österreich *0043*, in die Schweiz *0041*. Für kurze Auslandstelefonate eignet sich das Handy, für Vieltelefonierer empfiehlt sich der Kauf einer britischen Prepaidcard.

TRINKGELD

Im Pub wird kein Trinkgeld erwartet, im Restaurant und Hotel sind fünf bis zehn Prozent ein üblicher Obolus.

WOHNMOBILE

Die Kanalinseln haben eine hohe Autodichte, weshalb für Wohnmobilurlaub schlicht kein Platz ist. Eine skurrile Ausnahme auf Jersey sind die **INSIDER TIPP** ▶

exzellent restaurierten VW-Busse des Autorestaurateurs *Le Riche (Tel. 01534 86 40 73 | www.jerseycamperhire.com)*, die es in der Saison ab 120 £ pro Tag zu mieten gibt. Übernachtet werden kann

WAS KOSTET WIE VIEL?

Cream Tea	ab 10 Euro	
	für ein Kännchen Tee mit scones	
Imbiss	ab 8 Euro	
	für eine Tüte fish 'n' chips	
Wein	um 7 Euro	
	für ein Glas Wein	
Busfahrt	1,35–2,50 Euro	
	für eine Einzelfahrt	
Mietwagen	ab 30 Euro	
	für einen Kleinwagen pro Tag	
Souvenir	um 100 Euro	
	für einen Guernsey-pullover	

auf den Campingplätzen Beuvelande, Rozel Camping Park und Bleu Soleil.

ZEIT

Wie im übrigen Großbritannien gilt Westeuropäische Zeit, es ist also ganzjährig eine Stunde früher als in der nahen Normandie und im übrigen Mitteleuropa.

ZOLL

Die Kanalinseln gehören nicht zum Zollgebiet der EU, deshalb können Sie auf der Hin- und Rückreise zollfrei einkaufen – allerdings mit den entsprechenden Mengenbeschränkungen: u. a. 200 Zigaretten, 4 l Wein, 1 l Spirituosen und sonstige Waren bis zu einem Gesamtwert von 430 Euro.

SPRACHFÜHRER ENGLISCH

AUSSPRACHE

Zur Erleichterung der Aussprache sind alle englischen Wörter mit einer einfachen Aussprache (in eckigen Klammern) versehen. Folgende Zeichen sind Sonderzeichen:

θ   hartes [s] (gesprochen mit Zungenspitze an der oberen Zahnreihe, zischend)
D   weiches [s] (gesprochen mit Zungenspitze an der oberen Zahnreihe, summend)
'   nachfolgende Silbe wird betont
ə   angedeutetes [e] (wie in „Bitte")

AUF EINEN BLICK

ja/nein/vielleicht	yes [jäs]/no [nəu]/maybe [mäibi]
bitte/danke	please [plihs]/thank you [θänkju]
Entschuldige!	Sorry! [Sori]
Entschuldigen Sie!	Excuse me! [Iks'kjuhs mi]
Darf ich ...?	May I ...? [mäi ai ...?]
Wie bitte?	Pardon? ['pahdn?]
Ich möchte .../Haben Sie ...?	I would like to ...[ai wudd 'laik tə ...]/ Have you got ...? ['Həw ju got ...?]
Wie viel kostet ...?	How much is ...? ['hau matsch is ...]
Das gefällt mir (nicht).	I (don't) like this. [Ai (dəunt) laik Dis]
gut/schlecht	good [gud]/bad [bäd]
offen/geschlossen	open ['oupän]/closed ['klousd]
kaputt/funktioniert nicht	broken ['brəukən]/doesn't work ['dasənd wörk]
Hilfe!/Achtung!/Vorsicht!	Help! [hälp]/Attention! [ə'tänschən]/Caution! ['koschən]

BEGRÜSSUNG & ABSCHIED

Guten Morgen!/Tag!	Good morning! [gud 'mohning]/ afternoon! [aftə'nuhn]
Gute(n) Abend!/Nacht!	Good evening! [gud 'ihwning]/night! [nait]
Hallo!/Auf Wiedersehen!	Hello! [hə'ləu]/Goodbye! [gud'bai]
Tschüss!	Bye! [bai]
Ich heiße ...	My name is ... [mai näim is ...]
Wie heißen Sie/heißt du?	What's your name? [wots jur näim?]
Ich komme aus ...	I'm from ... [Aim from ...]

Do you speak English?

„Sprichst du Englisch?" Dieser Sprachführer hilft Ihnen, die wichtigsten Wörter und Sätze auf Englisch zu sagen

DATUMS- & ZEITANGABEN

Montag/Dienstag	monday ['mandäi]/tuesday ['tjuhsdäi]
Mittwoch/Donnerstag	wednesday ['wänsdäi]/thursday ['θöhsdäi]
Freitag/Samstag	friday ['fraidäi]/saturday ['sätərdäi]
Sonntag/Werktag	sunday ['sandäi]/weekday ['wihkdäi]
Feiertag	holiday ['holidäi]
heute/morgen/gestern	today [tə'däi]/tomorrow [tə'moräu]/yesterday ['jästədäi]
Stunde/Minute	hour ['auər]/minutes ['minəts]
Tag/Nacht/Woche	day [däi]/night [nait]/week [wihk]
Monat/Jahr	month [manθ]/year [jiər]
Wie viel Uhr ist es?	What time is it? [wot 'taim is it?]
Es ist drei Uhr.	It's three o'clock. [its θrih əklok]

UNTERWEGS

links/rechts	left [läft]/right [rait]
geradeaus/zurück	straight ahead [streit ə'hät]/back [bäk]
nah/weit	near [niə]/far [fahr]
Eingang/Einfahrt	entrance ['äntrənts]/driveway ['draifwäi]
Ausgang/Ausfahrt	exit [ägsit]/exit [ägsit]
Abfahrt/Abflug/Ankunft	departure [dih'pahtschə]/departure [dih'pahtschə]/arrival [ə'raiwəl]
Darf ich Sie fotografieren?	May I take a picture of you? [mäi ai täik ə 'piktscha of ju?]
Wo ist ...?/Wo sind ...?	Where is ...? ['weə is...?]/Where are ...? ['weə ahr ...?]
Toiletten/Damen/Herren	toilets ['toilət] (auch: restrooms [restruhms])/ladies ['läidihs]/gentlemen ['dschäntlmən]
Bus/Straßenbahn	bus [bas]/tram [träm]
U-Bahn/Taxi	underground ['andəgraunt]/taxi ['tägsi]
Parkplatz/Parkhaus	parking place ['pahking pläis]/car park ['kahr pahk]
Stadtplan/(Land-)Karte	street map [striht mäp]/map [mäp]
Bahnhof/Hafen	(train) station [((träin) stäischən]/harbour [hahbə]
Flughafen	airport ['eəpohrt]
Fahrplan/Fahrschein	schedule ['skädjuhl]/ticket ['tikət]
Zug/Gleis	train [träin]/track [träk]
einfach/hin und zurück	single ['singəl]/return [ri'törn]
Ich möchte ... mieten.	I would like to rent ... [Ai wud laik tə ränt ...]
ein Auto/ein Fahrrad	a car [ə kahr]/a bicycle [ə 'baisikl]
Tankstelle	petrol station ['pätrol stäischən]
Benzin/Diesel	petrol ['pätrəl]/diesel ['dihsəl]
Panne/Werkstatt	breakdown [bräikdaun]/garage ['gärasch]

ESSEN & TRINKEN

Reservieren Sie uns bitte für heute Abend einen Tisch für vier Personen.	Could you please book a table for tonight for four? [kudd juh 'plihs buck ə 'täibəl for tunait for fohr?]
Die Speisekarte, bitte.	The menue, please. [Də 'mänjuh plihs]
Könnte ich bitte ... haben?	May I have ...? [mäi ai häw ...?]
Messer/Gabel/Löffel	knife [naif]/fork [fohrk]/spoon [spuhn]
Salz/Pfeffer/Zucker	salt [sohlt]/pepper ['päppə]/sugar ['schuggə]
Essig/Öl	vinegar ['viniga]/oil [oil]
Milch/Sahne/Zitrone	milk [milk]/cream [krihm]/lemon ['lämən]
mit/ohne Eis/Kohlensäure	with [wiD]/without ice [wiD'aut ais]/gas [gäs]
Vegetarier(in)/Allergie	vegetarian [wätschə'täriən]/allergy ['ällədschi]
Ich möchte zahlen, bitte.	May I have the bill, please? [mäi ai häw De bill plihs]
Rechnung/Quittung	invoice ['inwois]/receipt [ri'ssiht]

EINKAUFEN

Wo finde ich ...?	Where can I find ...? [weə kän ai faind ...?]
Ich möchte .../Ich suche ...	I would like to ... [ai wudd laik tu]/I'm looking for ... [aim luckin foə]
Brennen Sie Fotos auf CD?	Do you burn photos on CD? [Du ju börn 'fəutəus on cidi?]
Apotheke/Drogerie	pharmacy ['farməssi]/chemist ['kemist]
Bäckerei/Markt	bakery ['bäikəri]/market ['mahkit]
Lebensmittelgeschäft	grocery ['grəuscheri]
Supermarkt	supermarket ['sjupəmahkət]
100 Gramm/1 Kilo	100 gram [won 'handrəd gräm]/1 kilo [won kiləu]
teuer/billig/Preis	expensive [iks'pänsif]/cheap [tschihp]/price [prais]
mehr/weniger	more [mor]/less [läss]
aus biologischem Anbau	organic [or'gännik]

ÜBERNACHTEN

Ich habe ein Zimmer reserviert.	I have booked a room. [ai häw buckt ə ruhm]
Haben Sie noch ...?	Do you have any ... left? [du ju häf änni ... läft?]
Einzelzimmer	single room ['singəl ruhm]
Doppelzimmer	double room ['dabbəl ruhm] (Bei zwei Einzelbetten: twin room ['twinn ruhm])
Frühstück/Halbpension	breakfast ['bräckfəst]/half-board ['hahf boəd]
Vollpension	full-board [full boəd]
Dusche/Bad	shower ['schauər]/bath [bahθ]
Balkon/Terrasse	balcony ['bälkəni]/terrace ['tärräs]
Schlüssel/Zimmerkarte	key [ki]/room card ['ruhm kahd]
Gepäck/Koffer/Tasche	luggage ['laggətsch]/suitcase ['sjutkäis]/bag [bäg]

SPRACHFÜHRER

BANKEN & GELD

Bank/Geldautomat	bank [bänk]/ATM [äi ti äm]/cash machine ['käschmǝschin]
Geheimzahl	pin [pin]
Ich möchte … Euro wechseln.	I'd like to change … Euro. [aid laik tu tschäindsch … iuhro]
bar/ec-Karte/Kreditkarte	cash [käsch]/ATM card [äi ti äm kahrd]/credit card [krädit kahrd]
Banknote/Münze	note [nout]/coin [koin]
Wechselgeld	change [tschäindsch]

TELEKOMMUNIKATION & MEDIEN

Ich suche eine Prepaid-karte.	I'm looking for a prepaid card. [aim 'lucking fohr ǝ 'pripäid kahd]
Wo finde ich einen Internetzugang?	Where can I find internet access? [wär känn ai faind 'internet 'äkzäss?]
Brauche ich eine spezielle Vorwahl?	Do I need a special area code? [du ai nihd ǝ 'späschǝl 'äria koud?]
Computer/Batterie/Akku	computer [komp'jutǝ]/battery ['bättǝri]/recharge-able battery [ri'tschahdschǝbǝl 'bättǝri]
At-Zeichen („Klammeraffe")	at symbol [ät 'simbǝl]
Internetanschluss/WLAN	internet connection ['internet kǝ'näktschǝn]/Wifi [waifai] (auch; Wireless LAN ['waǝrläss lan])
E-Mail/Datei/ausdrucken	email ['imäil]/file [fail]/print [print]

ZAHLEN

0	zero ['sirou]		18	eighteen [äi'tihn]
1	one [wan]		19	nineteen [nain'tihn]
2	two [tuh]		20	twenty ['twänti]
3	three [θri]		21	twenty-one ['twänti 'wan]
4	four [fohr]		30	thirty [θör'ti]
5	five [faiw]		40	fourty [fohr'ti]
6	six [siks]		50	fifty [fif'ti]
7	seven ['säwǝn]		60	sixty [siks'ti]
8	eight [äit]		70	seventy ['säwǝnti]
9	nine [nain]		80	eighty ['äiti]
10	ten [tän]		90	ninety ['nainti]
11	eleven [i'läwn]		100	(one) hundred [('wan) 'handrǝd]
12	twelve [twälw]		200	two hundred ['tuh 'handrǝd]
13	thirteen [θör'tihn]		1000	(one) thousand [('wan) θausǝnd]
14	fourteen [fohr'tihn]		2000	two thousand ['tuh θausǝnd]
15	fifteen [fif'tihn]		10000	ten thousand ['tän θausǝnd]
16	sixteen [siks'tihn]		1/2	a/one half [ǝ/wan 'hahf]
17	seventeen ['säwǝntihn]		1/4	a/one quarter [ǝ/wan 'kwohtǝ]

REISEATLAS

Verlauf der Erlebnistour „Perfekt im Überblick"
Verlauf der Erlebnistouren

Der Gesamtverlauf aller Touren ist auch in der herausnehmbaren Faltkarte eingetragen

Bild: Marble Bay an der Südostspitze von Guernsey

Herm inset (top)

A

Grosse Pierre
18
Fondu

Le Plat Houmet

Lionaise

St Peter Port (Guernsey)
Fisherman's Beach
Harbour

Crevichon
55

Clavelée
67

Jethou

La Platte

Grande Fauconnière

B

Mouissonnière
Pierre-aux-Rats
Obelisk
La Pointe du Gentilhomme

The Common
Neolithic Graves
Robert's Cross
The Bear's Beach
St Tugual's Chapel
Le Manoir
49
66
White House Hotel
Rosaire Steps
Mouette

Shell Beach
Shell Bay
13
Herm
Belvoir Bay
18
Caquorobert
Puffin Bay

Selle Roque
Point Sauzebourge

ENGLISH CHANNEL
Herm

0,5 mi
500 m

C

ENGLISH

Guernsey (main map)

1

Saline Ba

Grandes Rocques

3

★ **Lihou Island**

Priory of St Mary
Fort Saumarez
Creux ès Fäies Dolmen

Le Trepied Dolmen
Perelle Bay
La Rocque
Chapel of St Apolline
L' Erée
Les Adams

Fort Richmond
Richmond
Perelle
Le Gelé
Vazon Bay
Fort le Crocq
Mont Saint

Côbo Bay
Fort Hommet
7
Fort Guet
Albecq

La Grande Mare
Vazon
King's Mills
Grantez
Les Lohiers
Les Jaonnets

4

Rocquaine Bay

Les Sablons
La Pomare
La Houguette
Frie Baton
La Longue Pierre Menhir
Le Douit
69

St Saviour Reservoir
ST SAVIOUR
Sous l'Eglise
Les Clos Landais
Les Buttes
89

5

Fort Grey
Shipwreck Museum
Fort Pezeries
Portelet Harbour
Table de Pions
Restored German Bunker
Pleinmont
1

Les Arquets
ST PETER IN THE WOOD
Silbe Nature Reserve
Les Buttes
Les Sages

Les Islets
Le Gron
Les Nouettes
107
Guernsey Airport
German Occupation Museum
103

Strawberry Farm and Woodcarvers
Gold and Silversmith
1,5

TORTEVAL
Mont Hérault Watch House
Cliff Path
82
Les Simons
Les Laurens
Les Tielles
Le Creux Mahie

Les Henches
Les Landes
La Corbière
La Prévôte Watch House
96
FOREST
Les Vi

La Corbière
Corbière Bay
Le Gouffre

6 **Guernsey**

0,5 mi
500 m

130

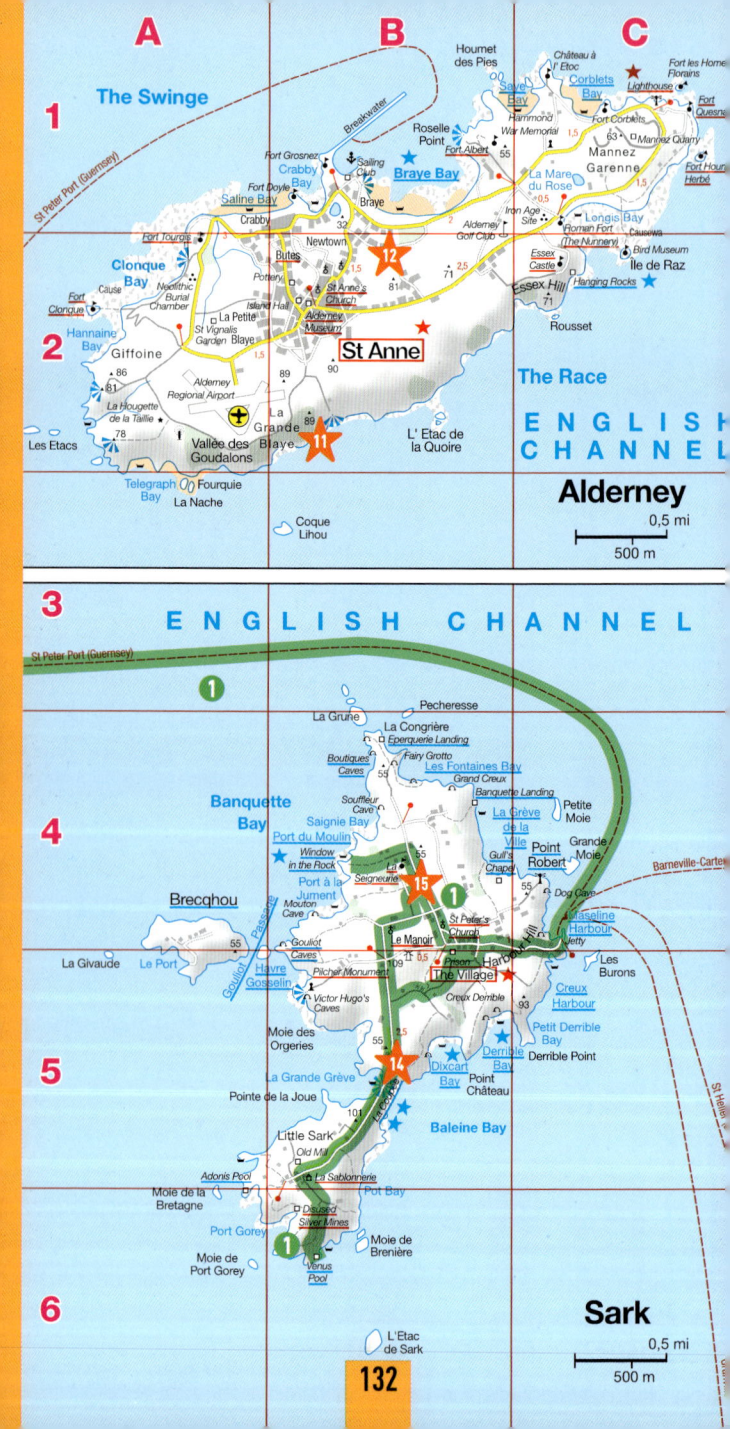

Alderney

The Swinge

Houmet des Pies

Château à l'Étoc

Corblets Bay

Fort les Homeaux Florains

Lighthouse

Fort Quesnard

Save Bay

Hammond War Memorial

Fort Corblets

Mannez Quarry

Fort Houmet Herbé

Breakwater

Roselle Point

Fort Albert

Mannez Garenne

Fort Grosnez

Sailing Club

Braye Bay

La Mare du Rose

Crabby Bay

Braye

Longis Bay

Fort Doyle

Saline Bay

Crabby

Newtown

Butes

Alderney Golf Club

Iron Age Site

Alderney Fort (The Nunnery)

Bird Museum

Île de Raz

12

Poteries

St Anne's Church

Essex Castle

Hanging Rocks

Clonque Bay

Neolithic Burial Chamber

La Petite

Island Hall

Alderney Museum

Essex Hill

Rousset

Fort Clonque

Cause

St Vignalis Garden

Blaye

St Anne

Hannaine Bay

Giffoine

Alderney Regional Airport

La Grande Blaye

L' Etac de la Quoire

The Race

E N G L I S H
C H A N N E L

La Blougette de la Taille

Vallée des Goudalons

11

Les Etacs

Telegraph Bay

Fourquie

La Nache

Coque Lihou

0.5 mi

500 m

---

3 **E N G L I S H   C H A N N E L**

St Peter Port (Guernsey)

1

Pecheresse

La Grune

La Congrière

Eperquerie Landing

Boutiques Caves

Fairy Grotto

Les Fontaines Bay

Grand Creux

Banquette Landing

Petite Moie

Banquette Bay

Souffleur Cave

Saignie Bay

Port du Moulin

La Grève de la Ville

Grande Moie

Point Robert

Barneville-Carteret

4

Window in the Rock

La Seigneurie

Gull's Chapel

Dog Caves

Brecqhou

Port à la Jument

Mouton Cave

Le Manoir

St Peter's Church

Maseline Harbour

Jetty

Les Burons

La Givaude

Le Port

Gouliot Caves

Pilcher Monument

The Village

Creux Harbour

Havre Gosselin

Victor Hugo's Caves

Creux Derrible

Petit Derrible Bay

Moie des Orgeries

La Grande Grève

14

Dixcart Bay

Derrible Bay

Derrible Point

5

Pointe de la Joue

Point Château

Little Sark

Old Mill

Baleine Bay

Adonis Pool

La Sablonnerie

Moie de la Bretagne

Disused Silver Mines

Pot Bay

Moie de Brenière

Port Gorey

1

Venus Pool

Moie de Port Gorey

6

L'Etac de Sark

Sark

0.5 mi

500 m

Jersey

0,5 mi

500 m

Jersey

0,5 mi
500 m

D **E** **F**

ISH CHANNEL

1

Vicard Point
Petit Port
Pte. de la Fétille

Tas de Geon

Bouley Bay
Tour de Rozel
Nez du Guet
Fort Rozel
Rozel Bay
Dolmen du Couperon
La Coupe Point
Fliquet Bay

2

L'Etaquerel
Le Câtel
Rozel
Jardin d'Olivet
Trinity Parish Church
Le Pulls
Les Augrès Manor
Ville Brée
La Fosse
Ville ès Nouaux
Fliquet

Les Câteaux Earthwork
Durrell Wildlife Conservation Trust
TRINITY
ST MARTIN
Rozel Manor
St Catherine's
Verclut Point
St Catherine's Breakwater

3

Eric Young Orchid Foundation
Maufant Manor
Croix au Maître
St Martin's Parish Church
La Perelle
Martello Tower
Belval
St Catherine's Bay

Victoria Village (La Bouèterie)
Beau Vallon
Ville ès Gaudins
Archirondel Tower
Hâvre de Fer

Grands Vaux Reservoir
ST SAVIOUR
Maufant
Faldouët
Dolmen de Faldouët
La Crête Point
Anne Port

4

Five Oaks
Grand
Carrefour au Clercq
Gorey
Mont Orgueil Castle (Gorey Castle)
Carteret, Diélette

Agriculture History and Railway Museum
La Hougue Bie
Ville ès Philippes
Queens Valley Reservoir
Jersey Pottery
Gorey Harbour
Gorey Village
Fort William

St Savior's Parish Church
Photographic Museum
Beau Désert
Le Boulivot
Moulin de Bas
Ville ès Renauds
Royal Jersey Golf Course

Beauvoir
Maison du Haut
GROUVILLE
Le Bourg
Fort Henry

5

Longueville Manor Hotel
Radler
Grouville Parish Church
Royal Bay of Grouville

Bagot
Trading Estate
Grouville Arsenal
Grouville
Fauvic

Samarès Manor
St Clément's Parish Church
Verclut
Le Hurel

Le Aquez
ST CLEMENT
Le Bourg
La Rocque Point
Seymour Tower

La Maré
Samarès
Le Haguais
Le Hocq
Pontac
St Clement's Bay
Platte Rocque Point

6

La Motte (Green Island)
Le Nez Point

135

KARTENLEGENDE

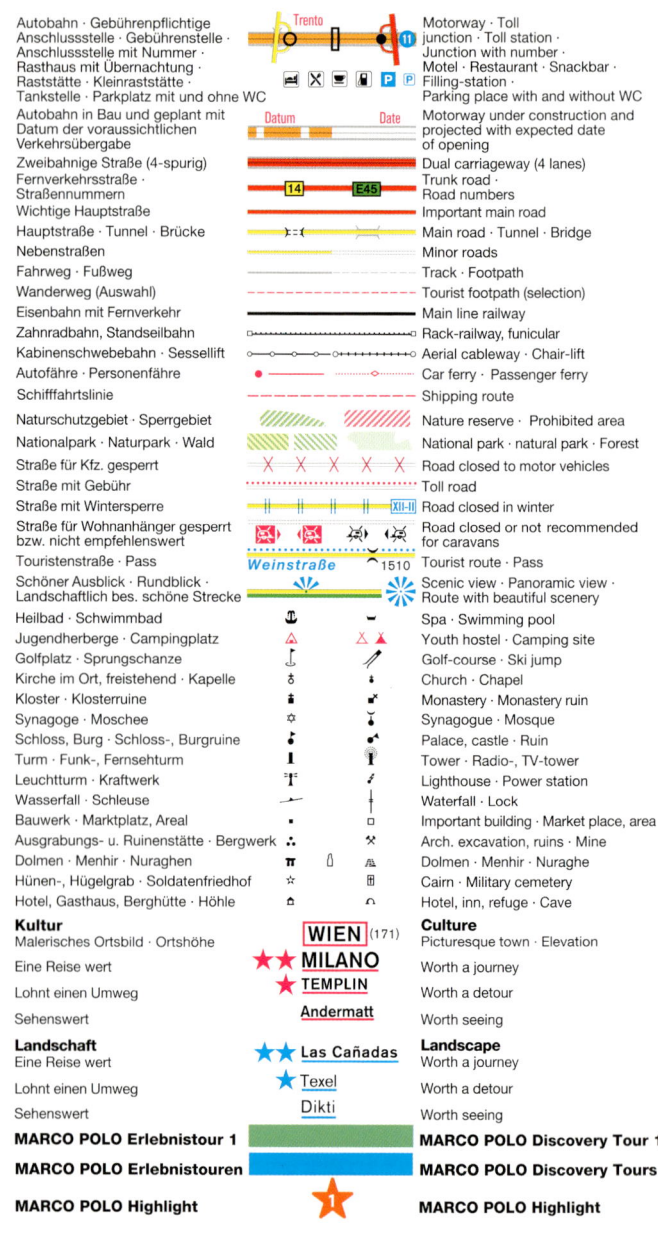

Autobahn · Gebührenpflichtige Anschlussstelle · Gebührenstelle · Anschlussstelle mit Nummer · Rasthaus mit Übernachtung · Raststätte · Kleinraststätte · Tankstelle · Parkplatz mit und ohne WC	Trento	Motorway · Toll junction · Toll station · Junction with number · Motel · Restaurant · Snackbar · Filling-station · Parking place with and without WC
Autobahn in Bau und geplant mit Datum der voraussichtlichen Verkehrsübergabe	Datum Date	Motorway under construction and projected with expected date of opening
Zweibahnige Straße (4-spurig)		Dual carriageway (4 lanes)
Fernverkehrsstraße · Straßennummern	14 E45	Trunk road · Road numbers
Wichtige Hauptstraße		Important main road
Hauptstraße · Tunnel · Brücke		Main road · Tunnel · Bridge
Nebenstraßen		Minor roads
Fahrweg · Fußweg		Track · Footpath
Wanderweg (Auswahl)		Tourist footpath (selection)
Eisenbahn mit Fernverkehr		Main line railway
Zahnradbahn, Standseilbahn		Rack-railway, funicular
Kabinenschwebebahn · Sessellift		Aerial cableway · Chair-lift
Autofähre · Personenfähre		Car ferry · Passenger ferry
Schifffahrtslinie		Shipping route
Naturschutzgebiet · Sperrgebiet		Nature reserve · Prohibited area
Nationalpark · Naturpark · Wald		National park · natural park · Forest
Straße für Kfz. gesperrt		Road closed to motor vehicles
Straße mit Gebühr		Toll road
Straße mit Wintersperre	XII-II	Road closed in winter
Straße für Wohnanhänger gesperrt bzw. nicht empfehlenswert		Road closed or not recommended for caravans
Touristenstraße · Pass	Weinstraße 1510	Tourist route · Pass
Schöner Ausblick · Rundblick · Landschaftlich bes. schöne Strecke		Scenic view · Panoramic view · Route with beautiful scenery
Heilbad · Schwimmbad		Spa · Swimming pool
Jugendherberge · Campingplatz		Youth hostel · Camping site
Golfplatz · Sprungschanze		Golf-course · Ski jump
Kirche im Ort, freistehend · Kapelle		Church · Chapel
Kloster · Klosterruine		Monastery · Monastery ruin
Synagoge · Moschee		Synagogue · Mosque
Schloss, Burg · Schloss-, Burgruine		Palace, castle · Ruin
Turm · Funk-, Fernsehturm		Tower · Radio-, TV-tower
Leuchtturm · Kraftwerk		Lighthouse · Power station
Wasserfall · Schleuse		Waterfall · Lock
Bauwerk · Marktplatz, Areal		Important building · Market place, area
Ausgrabungs- u. Ruinenstätte · Bergwerk		Arch. excavation, ruins · Mine
Dolmen · Menhir · Nuraghen		Dolmen · Menhir · Nuraghe
Hünen-, Hügelgrab · Soldatenfriedhof		Cairn · Military cemetery
Hotel, Gasthaus, Berghütte · Höhle		Hotel, inn, refuge · Cave

Kultur — **Culture**

Malerisches Ortsbild · Ortshöhe	WIEN (171)	Picturesque town · Elevation
Eine Reise wert	★★ MILANO	Worth a journey
Lohnt einen Umweg	★ TEMPLIN	Worth a detour
Sehenswert	Andermatt	Worth seeing

Landschaft — **Landscape**

Eine Reise wert	★★ Las Cañadas	Worth a journey
Lohnt einen Umweg	★ Texel	Worth a detour
Sehenswert	Dikti	Worth seeing

MARCO POLO Erlebnistour 1		MARCO POLO Discovery Tour 1
MARCO POLO Erlebnistouren		MARCO POLO Discovery Tours
MARCO POLO Highlight	★1	MARCO POLO Highlight

FÜR IHRE NÄCHSTE REISE ...

ALLE **MARCO POLO** REISEFÜHRER

Viele MARCO POLO Reiseführer gibt es auch als eBook – und es kommen ständig neue dazu!
Checken Sie das aktuelle Angebot einfach auf: www.marcopolo.de/e-books

REGISTER

Im Register sind alle in diesem Reiseführer erwähnten Orte, Sehenswürdigkeiten, Museen, Strände und Ausflugsziele verzeichnet. Gefettete Seitenzahlen verweisen auf den Haupteintrag.

SCHREIBEN SIE UNS!

Egal, was Ihnen Tolles im Urlaub begegnet oder Ihnen auf der Seele brennt, lassen Sie es uns wissen! Ob Lob, Kritik oder Ihr ganz persönlicher Tipp – die MARCO POLO Redaktion freut sich auf Ihre Infos.
Wir setzen alles dran, Ihnen möglichst aktuelle Informationen mit auf die Reise zu geben. Dennoch schleichen sich manchmal Fehler ein – trotz gründlicher Recherche unserer Autoren/innen. Sie haben sicherlich Verständnis, dass der Verlag dafür keine Haftung übernehmen kann.

MARCO POLO Redaktion
MAIRDUMONT
Postfach 31 51
73751 Ostfildern
info@marcopolo.de

IMPRESSUM

Titelbild: Portelet Bay auf Jersey (Schapowalow/SIME: G. Simeone)

Fotos: Corbis: C. Nichols (20/21); Corbis/JAI: N. Farrin (29); DuMont Bildarchiv: R. Kiedrowski (22, 62, 82, 113, 115, 118 o.); Frontlinie (88/89); Getty Images: D. Clapp (45); A. Lagauu (117); M. Robertson (Klappe l.); Getty Images/imageS Etc Ltd (7); Getty Images/PM Images (116/117); Getty Images/Westend61 (3); U. Haafke (114/115); huber-images: R. Birkby (128/129); A. D´Anna (104), O. Fantuz (4 u., 12/13, 32/33, 58/59), J. Foulkes (34), G. Santoni (74), R. Schmid (26/27), R. Taylor (2, 50, 98/99, 107); JERSEY LIVE FESTIVAL (19 o.); Jersey Tourism (116); S. Kuttig (114); Laif: M. Amme (4 o., 56, 78, 110/111), E. Bock (88/89, 95), Ch. Boisvieux (93), F. Heuer (112), F. Jaenicke (5, 18 M., 90), Ch. Kaiser (14/15, 118 u.); Laif/hemis.fr: R. Manin (53), B. Rieger (46), J.-D. Sudres (97); Laif/Robert Harding: M. Runkel (80/81); Look/age fotostock (17); Marine Conservation Society: Jacki Clark (18 u.); mauritius images/age (72/73, 108/109); mauritius images/Alamy: (28 l., 28 r.), G. Brown (65), D. Houghton (67), J. Kruse (6, 45), B. Moore (9), G. Shoosmith (37), J. Tack (25, 70), T. Whitefoot (18 o., 86/87); mauritius images/Alamy/Eyebyte (39); mauritius images/Alamy/nobleIMAGES (60); mauritius images/go-images (19 u.); mauritius images/imagebroker: D. Renckhoff (30/31); A. Mockford & N. Bonetti (54, 76); M. Müller (1 u.); D. Renckhoff (8, 10, 11, 30, 31, 42); Schapowalow/4Corners: R. Birkby (Klappe l., 119); Schapowalow/SIME: G. Simeone (1 o.); O. Stadler (84); vario images/FLPA (40)

9. Auflage 2017
Komplett überarbeitet und neu gestaltet
© MAIRDUMONT GmbH & Co. KG, Ostfildern
Chefredaktion: Marion Zorn; Autor: Martin Müller; Redaktion: Nikolai Michaelis
Verlagsredaktion: Susanne Heimburger, Tamara Hub, Nikolai Michaelis, Kristin Schimpf, Martin Silbermann
Bildredaktion: Gabriele Forst, Anja Schlatterer
Im Trend: wunder media, München
Kartografie Reiseatlas und Faltkarte: © MAIRDUMONT, Ostfildern
Gestaltung Cover, S. 1, S. 2/3, Faltkartencover: Karl Anders – Büro für Visual Stories, Hamburg
Gestaltung innen: milchhof:atelier, Berlin; Gestaltung Erlebnistouren: Susan Chaaban Dipl.-Des. (FH)
Sprachführer: in Zusammenarbeit mit Ernst Klett Sprachen GmbH, Stuttgart, Redaktion PONS Wörterbücher

MIX
Paper from responsible sources
FSC
www.fsc.org   FSC® C011918

BLOSS NICHT 👆

Ein paar Tipps, damit Sie sich Laune und Kleidung nicht ruinieren

UNVORSICHTIG BADEN

Die Gezeiten und Strömungen im Ärmelkanal sind geschwind und urgewaltig. Sie sollten das Baden auf die zugelassenen und bewachten Strände beschränken. Wann man auf Inselerkundungen ungefährdet den Küstensaum erwandern kann, erfahren Sie aus dem Gezeitenkalender, der in den Touristeninformationen und in vielen Hotels und Pubs ausliegt.

MIT DEM AUTO AUF DIE INSELN

Die Straßen auf den Kanalinseln sind schmal und kurvig. Wer einen Abstecher vom nahen Frankreich auf die Inseln plant, bringt den Wagen am besten gar nicht erst mit. Für Ausflüge auf Jersey und Guernsey empfehlen sich die inselweit verkehrenden Busse oder ein Mietrad. Wer dennoch Auto fährt, darf am Kreisverkehr nicht zaudern: Man fährt im Reißverschlusssystem, auf den Inseln *filter* genannt, in den Kreisel ein. Also immer dann zügig einscheren, wenn Sie ein Fahrzeug gerade haben passieren lassen.

VÖGELN ZU NAHE KOMMEN

Von Mai bis Juli steuern zahlreiche Seevogelarten die Kanalinseln zum Nisten an. Man fühlt sich mancherorts an den berühmten Thriller von Alfred Hitchcock erinnert. Während Möwen, Lummen, Alke, Krähenscharben u. a. in den Klippen ihre Familie gründen und die Papageitaucher in der Mehrzahl auf einem Felsen vor Alderney hausen, rücken einem etwa verärgerte Mantelmöwen schon mal auf den Leib – im Sturzflug verteidigen sie ihre Brutreviere. Kommen Sie aber einem Eissturmvogel (englisch *fulmar*) zu nahe, kann es schon zu spät sein: Die schweigsamen Kunstflieger nisten auch dort, wo Wanderers Fuß unterwegs ist. Das ist nicht ganz folgenlos, denn die Vögel können sich auf die Wirkung einer Stinkbombe verlassen, die sie hervorwürgen und 2 m weit spucken. Der ölige Fleck ruiniert die Hose und stinkt zum Himmel. Die Nester an grasigen Hängen und am Strand verraten sich durch bereits sichtbar verschossene Spritzer vor dem Nest.

DEN ZWEITEN WELTKRIEG TABUISIEREN

„Don't mention the war" gilt auf den Inseln nicht. Die fünfjährige Besatzungszeit hat nicht bloß Betonspuren hinterlassen. In ein paar privaten Museen drückt sich eine regelrechte Sammelleidenschaft aus. Die meisten Insulaner betrachten jene Zeit ohne spürbare Ressentiments gegenüber Deutschen.

SARKS GEMEINDEBRIEF VERPASSEN

Das Sark Newspaper, verfasst vom Repräsentanten der Barclay Brothers, müssen Sie als Presseorgan Sarks nicht ernst nehmen. Interessant ist die Lektüre trotzdem, um zu verstehen, was die bis vor Kurzem in ungestrafter Feudalität lebende Inselgemeinde in Wallung versetzt. Mit jeder Ausgabe geht die dramatische Sark Soap in eine weitere Folge.